任性出版

我離開以後，請把我撒在新宿二丁目

日本社會寫實作家
長谷川 晶一 著
黃雅慧 譯

生と性が交錯する街　新宿二丁目

推薦序一 期許像新宿二丁目般，成為夜裡守候的燈／夫夫之道 阿凱 里歐——7
推薦序二 當我們自由的呼吸著／希澄——11
前　言 愛慾糾葛的新宿二丁目——15

Episode 1

如果我死了，請把骨灰撒在這吧……——19

難道因為我是同志，就沒有享受性愛的資格了嗎？另有需求或目的的人，就該受到譴責？在不斷的反思下，我總算得出一個結論：「性愛無分對錯。」

CONTENTS

Episode 2

任何事都能隨心所欲，所有夢想皆能成真——53

不管是拓展朋友圈，還是找炮友，上個網就搞定了。更何況現在還有交友App……。

Episode 3

無須虛張聲勢，做回自己就好——85

難道大家怎麼說，我就得怎麼做？難道我只得配合大家，不能做自己？什麼叫像個小男生？什麼又是像個女孩子？

Episode 4

陰暗面與光明面的自相矛盾

125

「無論付出多少代價都願意上手術檯的心情，我也能理解，」

只見他壓低聲音，淡淡的說：

「其實，我最擔心的，就是這些孩子像飛蛾撲火似的，奮不顧身。」

Episode 5

每一種人生，都值得被擁抱

161

「當大家為了生活不得不賣命工作的時候，

當然得抒發壓力。我記得有這一句歌詞，說什麼來著？

對了，讓人忘卻一切煩憂。」

Episode 6
抬頭挺胸，這裡是東京彩虹的驕傲——197
「我交過一個女朋友，但我們在一起就是淡淡的。可是，我也從來沒有想過，或許是自己性傾向的問題。」

Episode 7
變與不變之間，活出自己最喜歡的樣子——239
各有各的風情樣貌，各有各的愛恨情仇，每個人都抱著各自的情懷，在這個地方度日安生。

尾聲
每個人生而自由平等——273

推薦序一

期許像新宿二丁目般，成為夜裡守候的燈

臺灣第一對男同志伴侶 YouTuber／夫夫之道 阿凱 里歐

二〇一六年，臺灣同婚議題浮上檯面。不再是作家白先勇的小說《孽子》裡，同志只能偷偷摸摸的在二二八和平紀念公園探索，追求一個邂逅與慰藉，同性戀這三個字，大量出現在各大新聞、社群媒體上。

那時支持方與反同方，兩方吵得沸沸揚揚，甚至曾發生力挺婚姻平權的參與者，途經中山南路，只因手持彩虹旗，竟遭高唱守護家庭價值的不明人士攻擊，肋骨硬生生被踢斷。

同志運動一刻不得閒，首先是追求多元、平等、真愛的婚姻平權大平台（現為合

法立案之彩虹平權大平台），以「相挺為平權，全民撐同志」在立法院青島東路上集會，期許婚姻平權直播公聽會能被重視；接著則是下一代幸福聯盟在凱道發起的反同婚大遊行，以及大平台號召的「讓生命不再逝去，為婚姻平權站出來」音樂會。每一場活動，都讓同性戀三個字，深刻的被認識。

「夫夫之道」YouTube 頻道，就是在這樣撕裂的社會氛圍下，於一堂時任世新大學廣電系江亦瑄副教授所開設的社群媒體選修課中誕生。當時老師還憂心的再三詢問，真的要以男同志伴侶為主題創立頻道嗎？擔心我們會受傷。

我的伴侶里歐回應她：「同志朋友在生長的過程裡，經歷過各式各樣的不理解與攻擊，從外型、聲音、氣質，乃至於性傾向，只要你與他人不同，身上任何地方都能成為被傷害的理由。但也正因為如此，我們更想藉由頻道，讓大眾好好認識我們，認識同志或LGBTQ[1]的所有人，與大家都是相同的。」

時光匆匆，轉眼間臺灣同性婚姻專法通過已邁入第二年。越來越多的LGBTQ朋友們，從夜晚的二二八和平紀念公園，走到白天的各行各業。從雜誌與網路初期的試探，到現今各種多元的社群林立，**出櫃不再是避而不談的禁忌**，喜歡同性，也不再只是長輩嘴裡戲謔的鄉野軼事，**而是實實在在的活著，正正當當的被理解**。

《我離開以後，請把我撒在新宿二丁目》書中的人物與故事，能讓你一探日本對於多元群體風氣的轉變，乃至於每位人物的選擇，與選擇後的結果，但都離不開新宿二丁目。縱使在他們眼裡，乾淨明朗取代了夜晚的多彩與淫靡，迅捷的科技使人感嘆再也回不去當時的純樸與真摯，然而新宿二丁目，就像他們心中的烏托邦一樣，是永遠守在那裡，是安身立命的地方。

在夫夫之道逐步向前的這段旅程，不論是網路或現實的相遇，人與人之間，也藉由自媒體多了交會與交心的所在。那些**只敢說給自己聽的話，對自我認同的不安與疑慮，都可以在這裡傾訴和釋懷，我們不一定相見，但我們得以互相照顧**。

---

1 為女同性戀者（Lesbian）、男同性戀者（Gay）、雙性戀者（Bisexual）與跨性別者（Transgender，指生理性別與性別認同不一致，但並不等同於變性者）、疑性戀（Questioning）的英文首字字母縮寫（現以同志統稱）。現在還有LGBTQIA一詞，另有雙性人（Intersex）、無性戀（Asexual），代表各種認同的性少數（Sexual minority）群體；此書原文用的是LGBT。

然而，平權這條路仍有許多未竟之事需要繼續努力，我們也會用各種方式陪伴大家，如同新宿二丁目陪著那個時代的ＬＧＢＴＱ，從過去到現在，直至未來。

在每個人茫然失措、對生活感到氣餒時，一轉身，還有一盞燈守候著。

推薦序二

當我們自由的呼吸著

GL小說家／希澄

二〇一九年，臺灣同性婚姻合法化，成為亞洲第一個同性婚姻合法化的國家。歡騰之際，與臺灣鄰近的日本朋友也捎來許多恭賀，我便是在那時第一次耳聞「新宿二丁目」。

新宿二丁目——神祕、迷幻且富傳奇色彩的地方，我那時是這麼認為的。日本雖鄰近臺灣，但我所知曉的，是那些風光明媚、廣為人知的觀光名勝；在我因緣際會下，與《我離開以後，請把我撒在新宿二丁目》這本書相遇之後，對於日本、對於新宿二丁目，產生了前所未有的嚮往。

許多人說過，臺灣是個友善、包容力高的國家，我們是兼容並蓄的社會，現今社會風氣對於同志相對友善，但我說不出、想不到在臺灣這塊土地上，有哪一個角落可以說得上是同志的「應許之地」。

同志酒吧或許遍及全臺各地角落，但沒有一個地方如同此書中的新宿二丁目那般，有著LGBTQ的哀與愁、明與亮；我未曾親自到過新宿二丁目，可我透過作者長谷川晶一的文字，以及六篇截然不同的訪談故事，見到迷人的新宿風景。

關於日本的性別平權運動，說來慚愧，我確是了解甚少，也未曾深究過。在閱讀此書之前也以為新宿二丁目是一個觀光景點，可一翻開第一篇故事〈如果我死了，請把骨灰撒在這吧……〉，就讓我震懾不已——**這不是一個觀光景點，是許多人的「家」，是心的「歸屬」**。六個人、六種身分、六段與新宿二丁目交纏半生的歲月，在逐一訪談的真切字句中，令我彷彿走訪當地的大街小巷，走過時空變換、走過那些變與不變，窺探其中一二。

六篇故事中，我反覆閱讀〈無須虛張聲勢，做回自己就好〉，是日本演員兼酒吧香茉莉經營者的一之瀨文香，我在她的人生故事中，看到一部分的自己，以及那份極其相似的性別認同歷程。我沒想到能在一位日本演員身上，**感受到與自己相仿的掙扎與徬徨**，也為她的勇敢與率真而動容，這也是我創作多年來一直努力的信念──想讓更多人藉由文字故事認識同志，了解我們的生活，藉以明白其實同志與一般人的內在本質並無二致。我書寫女女之間的愛情故事已然多年過去，其中創作數十部作品，聽聞過許多讀者在讀後所分享的自身故事，那些在愛情中所面對的「愛與被愛」，實然與常人無異。

全書閱畢後，我感到意猶未盡，為綺麗的新宿二丁目，也為那塊角落上平凡而美麗的人們。若你／妳對於日本同志歷史、性別平權運動感到好奇，那麼翻開這本書，定會帶給你莫大的收穫。

這是一個，能讓我們自由呼吸著的地方。

前言
愛慾糾葛的新宿二丁目

新宿二丁目——一個原本再普通不過的街區，卻被人們冠上了各種隱晦之意。大多數的人，只要一聽到或聊起這個地方，便不自覺且意有所指的說：「喔，那個新宿二丁目啊……。」

該怎麼說呢？

其實，新宿二丁目是因為有「同志村」這麼一個盛名，所以才會相繼衍生出「光怪陸離的街道」、「神祕觀光景點」或「異類聚集地」等代名詞。

然而，這樣既定的觀感並非僅限於日本，或者單純只是日本民眾的偏見。事實上，新宿二丁目在國際間就是以亞洲最大同志城而聞名。

這條街道，承載了人們所夢想的多元與包容。

對於全世界的ＬＧＢＴ來說，新宿二丁目甚至是心中必去的朝聖之地也不為過。

在這個東西僅三百公尺、南北不到三百五十公尺的彈丸之地，聚集了大大小小的酒吧。其中，雖然以男同志為主要客群，卻也不乏女同志、雙性戀或跨性別者的據點。因此，每當夜幕低垂時，便吸引各路同志前來舉杯同歡。

然而，近幾年來，新宿二丁目的街貌卻逐漸產生變化。

除了ＬＧＢＴ以外，街上到處是非同志、直人（按：Straight，指異性戀者），甚且外籍遊客的足跡。

隨著客層的變化，從前街道特有的淫靡風情不僅漸漸消失，在觀光化以後，同時也失去了以往的喧囂繁華。

雖然這般的今非昔比，不免讓熱愛這塊土地的人搖頭興嘆，卻也大大滿足了那些慕名前來、在仲通路大街上的外地人的好奇心。

現在的新宿二丁目，又是什麼樣的街道呢？

老實說，我之所以寫這本書，也是基於這樣的出發點與好奇心。

我平常雖然喜歡小酌幾杯，也幾乎天天往新宿跑。不過，或許因為我並不是

ＬＧＢＴ，倒是一直沒有機會真正走訪此地。沒想到，藉由這次的出版，能讓我深入走訪那些生活於此、休戚與共的人，並進一步探索現今的新宿二丁目。

書中的六位男女主角，既有ＬＧＢＴ，也有異性戀者。

訪談中，雖然他們對於新宿二丁目不免有些怨嘆與苛責，不過俗話說：「愛之深、責之切。」一順著他或她們走過的足跡，這些肺腑之言的背後，又將呈現何種樣貌的新宿二丁目呢？

接下來，就請各位與我一同探訪，現今的新宿二丁目。

コントルモモエ
B.
STAY
TM

Episode 1

如果我死了，
請把骨灰撒在這吧……

難道因為我是同志，就沒有享受性愛的資格了嗎？
另有需求或目的的人，就該受到譴責？
在不斷的反思下，我總算得出一個結論：「性愛無分對錯。」

長谷川博史　非營利組織日本 HIV 患者 Network Jump Plus 理事
攝影／渡邊愛理

「或許你不知道，
其實我的血液中，
正流竄著愛滋病的HIV病毒。

HIV這個病毒，
就像傲慢的年輕女孩一樣，
要是太過放任，她便愈加得寸進尺，
所以唯一能做的，就是儘早發現及治療。
雖然現在已可透過藥物控制病情，
但我終究無法擺脫它的糾纏。

或許你不知道，
其實我的血液中，
正流竄著這惱人的HIV病毒。」

——摘自《熊夫人的告白》，Bearine de Pink[2]、長谷川博史，波特出版社

＊

在約定的受訪地點，只見一位男子獨自乘坐輪椅前來。

這位受訪者因為糖尿病併發症，導致右腳膝蓋以下遭到截肢。然而，最讓我印象深刻的是，他那凹陷的雙頰、黯淡的皮膚，與充滿血絲且閃爍不定的目光。當他一出現時，這家位於新宿二丁目的咖啡店瞬間瀰漫著一股緊張的氣氛。

一陣寒暄以後，他淡淡的介紹自己：

「我是在長崎縣島原半島[3]長大的。那是一個半農半漁的小村莊。嚴格說起

2 日本女裝詩人，唯一公開自己是愛滋病感染者的變裝皇后。
3 為日本九州島中西部，由北向南呈「V」字狀的一個半島。

來，我們家還是個有頭有臉的武士世家。我父親除了做一些五金、建築材料、船舶器材或小家電之類的買賣，還接一些水管工程。我還記得，那時一到晚上，我們家可熱鬧了。不管是埋管工人、廠商、盤商業務，還是工頭，都來我們家吃飯……。」

在這個不到八塊榻榻米的空間中，受訪者平靜的闡述著自己的過去。

他的名字是長谷川博史。

出生於一九五二年（昭和二十七年）九月的他，早已過了還曆之齡（按：六十歲），正邁向古稀之年。據他的描述，在高中畢業以前，一直都待在長崎。

他的初戀對象，是一位名叫阿聞的埋管工人。

阿聞出身農家子弟，家中排行老二，除了有著一副厚實的胸膛、一頭俐落的平頭，還有一雙濃眉及精悍突出的五官。而長谷川在年幼時，便對阿聞有了愛慕之心。

一直到小學二年級，大家相約去海邊釣魚的時候，長谷川因為在防波堤的石頭上滑了一跤，不甚跌入大海，他才真正察覺到自己的性傾向。

他在《熊夫人的告白》一書中寫道：

「那時，身穿工作服的阿聞二話不說便縱身一躍，跳入海中。載沉載浮之際，我只記得自己緊緊靠著他的胸膛，才得以被拉回岸上。全身溼淋淋的他，還一路牽著我的手，帶我回家換衣服。

雖然我差點就丟了小命，回去還得挨老爸、老哥的一頓臭罵，不過，此時此刻的我卻莫名覺得好幸福。因為即便渾身溼透，也有最喜歡的阿聞緊緊牽著我的手。

這算是我小二的仲夏夜之夢吧。至今，我依稀記得，那也是我自出生以來，頭一次感受到大腿之間一股熱流襲來的衝擊。」

青春期的長谷川雖然對性仍懵懵懂懂，但時不時的夢遺卻令他覺得身心舒暢。等到上了高中，初嚐自慰滋味的他，更是每天沉溺於手淫。

他的人生轉捩點是某天在大哥房裡，無意間瞄了一眼的《平凡龐奇》[4]（*Heibon Punch*）』。這本週刊對於當時的小男生而言，是宛如聖經般的存在。除了各種美女清涼照以外，上從國際情勢、下至地下或次文化的介紹，應有盡有。

例如，一九六九年，也就是長谷川十七歲那一年，橫跨六頁的特刊就以斗大的標題寫著：「同性戀的是與非」（六月二十六日）。

接下來，還有「蕾絲邊酒吧潛入！」（九月二十五日）、「同性戀酒吧全方略」（十月二十三日）等。這些特刊不外乎繞著「男同志」、「同性戀」或「拉子[5]」等名詞打轉。

他回憶道：「我高中的時候，在《平凡龐奇》有看過一篇報導，受訪人是一位在新宿二丁目打工的同志，名叫小黑。他的五官稜角分明，完全打破過去我對同志的刻板印象。」

一九六〇年代後期到一九七〇年代前期，也就是在長谷川上高中的時候，日本演藝圈知名的男同志大多是屬於全身散發女性魅力、比女人還妖媚的類型。例如：日本變性女演員卡魯瑟爾麻紀（Maki Carousel）、社會運動家東鄉健、歌手彼得（Peter，本名池畑慎之介）或創作歌手兼演員丸山臣吾，亦即改名後的美輪明宏等。

不過，他在《平凡龐奇》所看到的小黑，卻是有張國字臉，留著一頭俐落短髮以及整齊鬢角的男子漢。

「直到這個時候，我才知道所謂同志，並不是每個人都得散發女性魅力，也是有人像條漢子般氣宇軒昂。最重要的是，原來新宿二丁目是同志的大本營。」

這就是長谷川認識新宿二丁目的淵源。

自此，他對新宿二丁目是日漸思慕。不過，對於遠在長崎的他來說，東京、新宿二丁目就像是異世界般遙不可及。

---

4 「Punch」一詞取自英國的政治嘲諷漫畫雜誌，為日本平凡出版社於一九六四年至一九八八年，針對團塊世代（日本戰後出生的第一代）以後的男性客層所發行的大眾週刊。

5 「Lesbian」的常見翻譯之一。因前三字「Les」的諧音，而稱為「拉」。在臺灣，最早出現在女作家邱妙津的《鱷魚手記》一書中，後來普遍成為術語之一。

然而，即便如此，他依然無法壓抑自己內心的渴望。

時光冉冉——命運的齒輪終於再次轉動。

二輪電影院，同志聚散地

長谷川原本打算就讀當地大學，朝建築方面發展，但自從知道新宿二丁目這麼一個地方以後，便決定放棄報考國立理工科，改考東京私立大學的文學院。

在《熊夫人的告白》一書中，他對於新宿二丁目是如此描述：

「對於一個鄉巴佬來說，酒吧門比九重天的大門還重，要去新宿二丁目簡直比登天還難。」

「像我這種鄉下孩子，怎麼敢踏進同志酒吧呢！我們那裡連個像樣的餐廳都找不到，更別說酒吧什麼的，大人們想喝個小酒也就是在麵攤湊合著。」

他的大學考試因為突如其來的大轉彎，而慘遭滑鐵盧。歷經一年的苦讀，長谷川才總算如願考上慶應義塾大學。他在東京目黑區租了個小房間，展開了全新的學子生活，同時也離憧憬之地——新宿二丁目又向前邁進了一步。

然而，此時的長谷川卻仍有些遲疑。

「雖然好不容易才來到東京，但是我並沒有立馬殺去二丁目開開眼界。因為我長這麼大還未曾出入過那些場所，況且我還是個窮學生，也沒太多閒錢。」

於是，他悶悶不樂了好一陣子。

搬到東京以後，他頭一次出入的社交場所，是同志圈所謂的「約炮酒吧[6]」。地點是一家位於澀谷、專門播映老片的全線座[7]。這個小道消息還是上課時聽

6 Cruising，原意指到處巡邏，此處意指到處約炮（到處巡邏，尋找性伴侶）。

7 一九五六年至一九七七年，以播放外片為主的電影院。

到的。

「我們系上有一門課專門閒扯淡，上課都是聽教授閒聊。有一次教授說：『那些便宜電影院的門口熱鬧的很，但真正要進電影院的，其實只有小貓兩、三隻。你們可得小心了，因為那些在門口徘徊的都是同志。』他還笑著加上一句：『特別是澀谷的全線座，嘿嘿，保證讓你們大開眼界。』」

於是，一下課，長谷川便迫不及待的直奔澀谷。

「我一下澀谷車站，就到處找全線座。可是，我才剛到東京不久，連東西南北都分不清楚。向定點巡邏的警察問路也會擔心：『如果他以為我是同志的話，怎麼辦？』所以只好瞎子摸象似的，花了一個多小時到處亂竄，最後才找到全線座。當我提起勇氣，一把推開電影院的大門……還真的跟教授說得一模一樣。」

長谷川摸黑入座以後，沒多久他就隱約感受到，有一隻手伸向自己的大腿；就連去上個廁所，也能感受到其他男性緊盯而來的目光。

這對於一個鄉下孩子來說，到底太過震撼。因此，長谷川在毫無收穫的情況下，便匆匆離開了。

儘管如此，長谷川很快就再訪全線座，並且找到他的邂逅。長谷川在《熊夫人的告白》中，是這麼描述的：

「影片開播三十分鐘左右，進來了一位金色短髮的紳士。當時，明明旁邊還有很多空位，他卻在我隔壁坐了下來……。

「沒多久，這位紳士碰到我的膝蓋。起初，我以為是自己太大手大腳，便禮貌性的側身將雙腿併攏。可是，過了一會兒，他又碰到我的膝蓋。就這麼碰了幾次，我才察覺到他的暗示。」

當天，長谷川便與這位外國人發生了親密關係。

自此，他心中鬱積已久的陰霾終於一掃而空。膽子大了以後，長谷川便堂堂正正的踏上新宿二丁目。

「我去的第一間店，就是之前有上過《平凡龐奇》報導的 Cronus。老實說，我是衝著小黑去的。因為他看起來很有男子氣概，雖然短髮又方臉，但眉宇之間總有一股狠勁。」

突然之間，他噗嗤一聲，笑了出來：「但沒想到，我去了以後，才發現他竟然是一個很嗲的姐姐。哈，你都不知道我當下有多麼失落。」

即便如此，那扇曾令長谷川望之卻步的酒吧大門，一旦被推開以後，到新宿二丁目尋歡作樂這件事似乎也就變得稀鬆平常；而他也是從這個時候開始，成為新宿二丁目的常客。

「不論是當時還是現在，新宿二丁目對我們這些同志來說，就像是第二個故鄉。雖然每家店的空間都不是太大，只要客人超過二十來個，其他人就得站著喝。不過，也正因為如此，反而拉近內外場以及客人彼此之間的距離，甚至每當有人心煩意亂的時候，老闆就是我們最好的傾訴對象。所以，時間久了，我們這些常客也就像多年好友一樣，相處起來十分自在。」

當然，如果只是想找個炮友，新宿二丁目也絕對是首選。

「是啊，新宿二丁目對於我們來說，不僅僅只是一個華麗的社交場所，同時也能滿足同志追求邂逅或天雷勾動地火的慾望。而且，什麼酒吧都有。

「例如：喜歡肉感（按：體型較圓潤的同志，一般稱作「熊」；更為精實的稱作「狼」）的，可以去熊吧；偏好大叔控的，則有成熟大叔酒吧；專愛幼齒的，還有小鮮肉酒吧。甚至想開拓國際市場的，也有西餐控的酒吧。

「這些店家都依客人的興趣或嗜好而有些許差異。當時的新宿二丁目真的是百花齊放。嗯，這麼說吧，就像現在的專賣街一樣。」

新宿二丁目的一切一切，遠遠超過他少年時期的想像。

縱使夜夜笙歌，這裡依然還有許多深藏不露的神祕小店，以及形形色色且充滿人情味的人。因此，長谷川很快就迷上這個地方。

「方圓不到幾百公尺的小地方，卻有一百多家同志酒吧。如果哪天你對某家店的老闆或客人不爽的話，換家酒吧就是了。真的是同志天堂啊！」

後來，為了尋求更多的邂逅，除了新宿二丁目以外，他還跑遍東京各大知名酒吧，例如澀谷、銀座、上野或淺草等地。在這段期間，他既歷經分分合合，也曾經一度與伴侶共築愛巢。

即便如此，他依然流連忘返於新宿二丁目。

大學畢業後，他先是在一家廣告公司上班。接著，又轉換跑道，到出版社當編輯。

「二十幾歲的我，整天沉迷於肉體的歡愉；過了三十歲以後，我才真正知道何謂心有靈犀的戀愛。話雖如此，我卻管不住自己的下半身，一邊在東京各大私人會所盡情縱慾，一邊又在新宿二丁目與人談笑風生。唯一不變的就是，不管是當時還是現在，對於我來說，新宿二丁目都是我的第二故鄉。」

就在長谷川邁入三十大關的時候，某項謠言悄悄在新宿二丁目傳開——有個同志才會得到的「不治之症」。

「我頭一次聽到這項傳聞是在一九八三年左右。當時，我正在新宿二丁目喝酒，一位老朋友對著我低頭耳語：『你知道嗎？聽說得這種病的同志都會被家人趕出去，只能在公園或街頭等死。』後來我才知道那就是愛滋病[8]。不愧是二十世紀的不治之症，一開始便具備了八卦三大條件：羞恥、恐怖、悲劇。」

肆虐全球的愛滋病，終於在日本登陸。

當時，長谷川才剛離開公司自立門戶，專接一些雜誌的外包編輯。繁忙的接案工作，不僅為他帶來了成就感，再加上可以自由發揮，因此他也相當樂在其中。不過，與此同時，愛滋病的相關報導陸續從海外傳來。當下，他雖然覺得事不關己，卻沒來由的感到不安。

「CNN才剛開始報導，但每兩、三天就有一條愛滋病的頭條新聞。所以，我當時就有預感，這個病在日本遲早也會傳開來。」

原本只是關心時事的念頭，卻莫名摻雜了一絲絲無法言喻的恐懼，並且逐漸在他心中擴大。

8 縮寫為AIDS，譯為後天免疫缺乏症候群。

時光飛逝，如同長谷川所預測的——十年後，也就是一九八五年，日本出現首位愛滋病患者，之後罹病人數日漸增加。愛滋病不再像從前一樣，只是一條國際新聞，而是身旁隨時可能發生的事實。

當時，他的身體雖然尚未出現病兆，不過心中那股不祥的預感卻越來越強烈。於是，一九九一年年底，他下定決心前往醫院做檢查。

而那股不祥的預感，果然一一應驗——醫院檢查通知結果為陽性反應。

性愛無分對錯，各取所需也很好

「得知檢查結果以後，我並沒有立刻回家，而是到附近的公園，找了個長椅坐了下來。那天，春和日暖，只見一群孩子在草地上盡情玩耍。他們一臉天真無邪，我的身體卻彷彿被詛咒似的，不禁使我感到悲從中來。明明是萬里無雲的朗朗晴空，我卻只看見虛無縹緲的悲哀。」

——摘自《熊夫人的告白》

「聽說我的病號紀錄在日本可是名列前茅，大約是一百到一百五十號之間。我當下就想，這要是全國的模擬考成績就好了。」只見他輕輕一笑，雲淡風輕的說：「或許人生就是哪壺不開提哪壺吧！」

為了慎重起見，醫師曾經安排他到東京大學醫學研究所（Institute of Medical Science）的附屬醫院複檢。

不過，這突如其來的打擊不僅讓他對自己失去信心，甚至對人生感到絕望，因此他最後還是臨陣脫逃了。

「陽性報告出爐以後，我滿腦子想的就是自己沒多少日子可活了。不過，人類也真的很愚蠢，明明就已經萬念俱灰，但還是會想一些有的沒的。

「比方說，想把瓦斯管往嘴裡塞，卻又擔心瓦斯爆炸是否會傷及左鄰右舍？又或者，如果死了好幾天都沒人發現，屍體腐爛長蛆、死得太難看的話，怎麼辦？」

當時的他一心求死，每天都在計畫不同的死法。

沒想到有一天，他的胯下竟然起了「變化」。

「自從知道自己中標以後，胯下那傢伙就一直軟趴趴的。」他繼續笑著說：「沒想到有一天，小弟弟竟然升旗了！我當下還想：『哇靠，不會吧！』但又迫不及待的脫下長褲，拉下內褲，盡情的慰勞自己一番。

「就在高潮的那一瞬間，我重新感受到睽違已久的快感，覺得自己又活了過來！在當下，腦海就閃過一個念頭：『還是去醫院看看吧！』」

於是，長谷川決定去東京大學醫學研究所就診。

「去醫院的路上，我完全不抱任何期望。我甚至以為會像科幻電影那樣通過重重關卡，一群醫生或護士穿著防護衣、戴著防護罩，幫我做各種複雜的檢查。可惜的是，一切都只是我想像力太豐富。整個檢驗過程相當簡單，就是給醫生問個診、護士抽個血而已。」

不過，就在這個時候，某位傳染病權威專家的一席話，給了長谷川一道曙光——

愛滋病並不可怕，只要懂得為對方著想，做好防護措施，同志之間的親密行為也不無可能。

這短短幾句話，讓長谷川重新拾起希望與勇氣。

「我本來都絕望了，以為從此再也不能享受性愛。在我伸手不見五指的人生中，終於灑進一絲絲亮光。」

於是，長谷川自此開啟另一個人生舞臺。

他一邊努力接受治療，一邊接受自己得病的事實。同時，也毫不避諱的和周遭好友討論：「愛滋病到底是什麼病？在什麼情況下，才會感染ＨＩＶ？」之類的。他的遭遇讓大家更有危機意識，因而引發共鳴。

套句長谷川的話來說：「就在你一句、我一句的討論中，讓原本只出自於身體本能的性愛，有了用頭腦思考的空間。」

「我當時的想法是，先從周遭朋友開始，老實告知自己是感染者，還有目前的身體狀況。沒想到，朋友們聽了之後都很震驚。

「不過，或許是物以類聚，他們大多跟我一樣很有求知慾。聽我這麼一說，反而認真思考：『愛滋病到底是什麼？』或者『如果我也中標了，該怎麼辦？』而我也因此有機會與好友討論較為深入的話題。對我來說，這可是非常難得的機會。」

當他意識到所謂的性愛，除了靠身體去「做」，也應該用腦來「思考」之後，整個人便豁然開朗了起來。

「我的主治醫生說過：『愛滋病其實與社會息息相關。』但即便是現在，社會大眾卻仍對ＨＩＶ病毒或愛滋病存有歧視，認為只有出入不良場所的人，才會得到這種病，所以罹病者都是自作自受。

「老實說，我自己以前也是這麼想的，可是醫生卻跟我說：『ＨＩＶ病毒是整個社會必須共同面對的問題。因為整個社會才是對抗疾病的最大後盾。』自此，我才了解到自己根本無須如此自責。」

經過無數的反省與反思，長谷川總算得出一個結論——**性愛無分對錯**。

不過話說回來，性愛到底所謂何物？面對這個難題，長谷川腦海中首先浮現的是「傳宗接代」。

不過，他細想了一下，又說道：「難道因為我是同志，不能傳宗接代，就沒有享受性愛的資格了嗎？」

還是，唯有兩情相悅才是正道？那些另有需求或目的的人，就該受到譴責？

在不斷的反思與問答下，長谷川總算得出結論──「**性愛無分對錯**。」

「儘管『性愛無分對錯』這句話十分稀鬆平常，但我卻花了三十幾年的歲月才領悟出來。簡單來說，就是「食色性也」，性愛是人性的一環，沒有什麼好丟人的。不論是兩情相悅的親密關係、情緒低落的一時慰藉，或者一種感官享受，都是我們不可或缺的。

「又或者，性愛可以傳宗接代，也可以賺錢餬口，各取所需也就無所謂對錯。總之，我終於體認到性愛無分對錯的道理。更何況，社會所定義的「性愛」，不過就是為了符合一般大眾的價值觀。

「正因如此，我們更不應該受限於這些常識、道德或倫理什麼的，而是堅持自己的生存方式，並與對方建立起良好的性關係，不是嗎？」

這就是長谷川苦思多日所得到的答案。

而後，隨著醫療技術的日新月異，愛滋病的治療方法也有急速的進展。ＨＩＶ病毒已不再是絕症，而是只要及早接受治療便可存活的疾病。

「愛滋病已是可控制的慢性病，感染後的預後狀況雖然因人而異，不過隨著醫療技術的進步，只要配合治療，延長生命也不無可能。

「就福祉層面來說，日本推行的全民保險制度[9]，或ＨＩＶ病患認定制度等，也都使得日本的就診率越趨普遍。因此，對於現代社會大眾來說，特別是象徵同志區的新宿二丁目這樣的地方，以前那種避之唯恐不及的歧視已慢慢減少。」

不論是醫療技術、社會的接受度或者人們的態度，從一九八〇年代爆發愛滋病恐慌以來都有極大的進步。

創辦同志雜誌，不被愛滋打倒

正當長谷川感到迷惘時，一位多年熟識的媽媽桑問他：「我最近計畫辦本同志雜誌，你有沒有興趣參一腳？」

當時是一九九三年，也就是在他染病後的隔年。

「那個時候，新宿二丁目的同志酒吧流行用錄影帶打響自家名號，結果沒多久市面上就出現了海盜版，有些甚至還在老牌雜誌上大打廣告。那位媽媽桑為了與之抗衡，便興起了辦雜誌的念頭。她知道我是做這一行的，所以我自然成了她的不二人選。不過，當時負責編輯的只有兩個人，其中之一還是我，因此我除了要撰稿，從拉廣告到跑業務，也幾乎是一手包辦。」

當時的同志雜誌有所謂的「五強」。

這五家雜誌分別是《薔薇族》[10]（第二書房）、《亞頓》（*Adon*，砦出版）、《三仔》[11]（太陽出版社）、《男同志》（*The Gay*，雜民之會）與《參孫》[12]

9 臺灣依據《人類免疫缺乏病毒傳染防治及感染者權益保障條例》第十六條規定，自二〇一七年二月起，感染者開始服藥兩年內之醫療費用由疾管署支付，兩年後則由健保給付。
10 薔薇族，指同志，在作家白先勇的《孽子》中就有多次使用。
11 來自該雜誌封面設計三島剛的靈感，據聞取自某酒吧少爺的小名。
12 原為《舊約聖經》中的大力士之名。

（Samson，海鳴館）。由長谷川操刀的《Badi》（泰拉出版）創刊以後，馬上成為後起之秀，挑戰五強的地位。

而這五強的創刊年，分別是《薔薇族》的一九七一年，《亞頓》與《三仔》的一九七四年，《男同志》的一九八一年，與《參孫》的一九八二年。《Badi》便是在這樣的時空背景下，橫空出世的新雜誌。就連日本知名藝人貴婦松子[13]也曾是編輯部的一員。

不過，當時與長谷川一起奮鬥的編輯實在少得可憐，其中之一就是小倉東——他在新宿二丁目開了一家「娘炮玄學[14]」（Okamalt）圖書咖啡店，後來也曾以「瑪格麗特」（Margaret）的藝名化身變裝女王。

「公司高層打從一開始就沒有什麼經營計畫，是我與小倉拚了老命、好不容易才拼湊出一期。例如，創刊暖身號的《男同志字典》，比照字典的形式，將與男同志相關的知識，按照英文字母A到Z來排序。這就是小倉的點子。」

當時，高層只有一個要求，那就是不碰愛滋病與性別平等教育（以下簡稱性平）這兩大議題。

所謂「性平」，就是透過同性戀解放運動（Gay Liberation）等的推動，藉此消除社會大眾的性別歧視。

由於此議題涉及層面非常複雜，對於高層來說，是禁忌話題。

「坦白說，這本雜誌走的是娛樂路線，上面會有這方面的顧忌也不難理解，就我個人來看，性平倒也不是這本雜誌的重點。

「不過對於愛滋病，我卻相當堅持，只要我長谷川在的一天，就不會放棄。於是，大概在雜誌出到第二期，還是第三期的時候，我就在董事會上當眾出櫃：『報告董事長，其實我是HIV帶原者……。』」

沒想到，董事會最後竟然點頭，讓長谷川開闢「帶原者交流網」的專欄。老實說，就當時社會氛圍來說，這個議題不僅過於敏感，也是冷門題目。所幸這本雜誌沒

---

13 日本專欄作家、評論家、異裝藝人和主持人，總是自嘲外型像巨型妖怪。現在是日本主持界數一數二火紅的男大姐。

14 為日本造語，結合日語 **Okama**（娘炮）與 **Occult**（玄祕學）的意思。

有長谷川就辦不下去，所以高層也別無選擇。

於是，長谷川便一點一滴的編織出ＨＩＶ感染者的交流網。

「後來，也有人請我去演講。當時，我是以真實姓名出席活動。因為，如果用假名的話，肯定被竊竊私語：『看吧，他自己也覺得丟人，才這麼偷偷摸摸的。』」

由此不難看出，長谷川的決心與放手一搏的覺悟。

其實，他真正想說的是：「我就只是運氣不好，染上ＨＩＶ病毒而已，但這並不代表我就得哭一輩子。」

＊

我願意原諒你

當你露出陰莖，

粗魯的插入我毫無防備的肛門。
當你在我柔弱的直腸裡，
盡情的噴射精液。
當你讓我背負，
肛交高潮的業障。
當你在我體內，
留下HIV病毒卻揮手而去。
這一切的一切，我都選擇原諒你。

——摘自《熊夫人的告白》

其實，長谷川與《Badi》的淵源也不過才大半年的時間。

「當我接下這本雜誌的時候，就有熱度頂多持續三年的心理準備。這完全是我自己的個人經驗。因為大家一開始都是每期必看，但等到真正踏入同志圈以後，這些雜誌對他們來說就太小兒科了。與其如此，倒不如比照豪華便當的概念，讓雜誌內容應有盡有、包羅萬象，滿足所有讀者的喜好。或許是我矇對了市場走向，加上從其他雜誌搶到不少廣告。《Badi》雖然是新創刊，卻也立即打出名號。」

即使只能再活一天，我都要繼續推廣預防愛滋

他調皮的笑著說道：「於是，我便順勢以功成身退為由，腳底抹油，就是一個字──溜！」

長谷川離開以後，《Badi》的發行量仍然不斷攀升。當時的網路不如現在發達，因此雜誌的影響絕非今日所能想像。

「其實，《Badi》之所以一炮而紅，應該歸功於小倉擔任總監以後，慧眼獨具的打造出『我是同志，我樂活』的風格。換句話說，這本雜誌成功的關鍵，就是我說的那個豪華便當，我打前鋒做出飯盒，然後他跟著接棒，擺滿各種美味佳餚。」

這種應有盡有、包羅萬象的編輯方針不僅對了市場胃口，而且內容還新奇有趣，讓讀者欲罷不能。於是，《Badi》甫推出便成功擄獲全日本上上下下同志的支持。其

中之一，包括後面會提到的HIRO。

長谷川雖然離開了《Badi》，沒多久又創辦了新雜誌《G-Men》。

「這本雜誌的定調很簡單，總歸一句就是『屁孩滾蛋』。因為我要辦的是一本成熟男人逐夢的雜誌。」

成熟？長谷川為什麼會鎖定這個客層？他接著解釋當時的業界生態。

「當時，同志雜誌分為三大類，一個是主攻年輕族群的《薔薇族》，一個是標榜男子氣概的《三仔》，另外一個就是走熟男路線的《參孫》。

「後來加入戰局的《Badi》，則是以外型亮麗的小鮮肉為賣點。因此，我便想辦一本完全擺脫既有框架的雜誌，例如模特兒全是有點年紀又滿臉鬍鬚的猛男之類的。」

這本突發奇想的《G-men》，共耗費他七年心血，對身為主編的他而言，這段日子可說是充滿挑戰。即便他得定期接受治療，日子卻過得比生病以前更有活力、更加充實。

對於最後仍離職，他僅表示：「該做的都做了，也該走人了。」

長谷川說道：「當初《G-men》找我的時候，我只有一個條件，那就是放手讓我做一些ＨＩＶ與愛滋病的報導。所以，每期我爭取到整整六頁，開闢『治療最前線』、『福祉支援資訊』與『ＨＩＶ患者手札』等專欄。不少讀者來信說：『當我知道自己中標以後，是因為看了以前的期刊，才下定決心去醫院就診的。』當下我心中甚感欣慰。」

對於長谷川而言，他的階段性任務已經完成。

當長谷川得知自己染上ＨＩＶ病毒以後，也曾茫然失措好一段日子，甚至一心求死。沒想到，上帝又為他開啟了另一扇窗——讓他有機會參與《Badi》的催生，接著又創辦《G-men》。多虧那段時間陀螺似的從早忙到晚，連休息的時間都沒有，才又讓他找回生活的重心，且就此打消尋死的念頭。

「同志雜誌對我來說，應該是老天爺給的啟示吧。與其每天在那裡胡思亂想，倒不如順其自然，反而對自己比較好。」

忙碌的編輯工作，讓他更加精力旺盛，甚至忘了自己有生病這回事。每天就是為工作打拚。

即便如此，長谷川始終留在新宿二丁目。只不過二、三十歲的他，只想發洩慾望；四十幾歲、感染ＨＩＶ病毒以後，卻是致力於文化事業的推廣。

除此之外，他還濃妝豔抹、穿上華麗的女裝，參加各種變裝女王的活動。同時，也試著透過不同的舞臺朗誦自己創作的詩詞。

此外，他也十分積極參與ＨＩＶ相關的其他活動。例如，與流行病學學者四處奔波，就為了在日本六大主要城市，成立ＨＩＶ防治中心。

而這個舞臺，自始至終都是在新宿二丁目。

然而，在這段時間，新宿二丁目也起了極大的變化。

「我記得，自己剛到新宿二丁目的時候，大家出入這裡都是躲躲藏藏，深怕被熟人撞見似的。但在社會風氣漸漸開放以後，這裡卻不再像從前那樣，有著一層神祕的面紗。這種改變或許對同志而言是友善的，但反過來說，卻也不再是那個我們追求性愛、幻想或淫靡的地方。事實上，有幾家酒吧就是因為這樣才轉移陣地的。」

從前那個神祕又迷人的新宿二丁目，卻成了一個開放的觀光景點。

長谷川笑著表示，這個自己總是三步併兩步每天報到的地方，已不再讓他感到雀躍。不過，即便如此，他仍捨不得離開這裡。

醫療技術的發達與藥物的進步，雖然讓長谷川的病情得以控制下來，但他仍因為糖尿病與高血壓必須定期洗腎，甚至因組織壞死，而失去右腳。

第一次踏入新宿二丁目的他，還是個不到二十歲的小夥子，一直到邁入七十幾歲了，長谷川仍然眷戀此地。

他表示：「我一直覺得自己就是在這裡長大的。新宿二丁目可說是我的第二故鄉。坦白說，**我們在其他人眼中就是一群怪咖。天地雖大，能夠包容我們的，也就只有這裡而已**。其實，只要融入這裡，你就會知道到處充滿人情味，但我知道自己不可能像那些正常人一樣善終，所以總會這麼交代……，」頓了一下以後，長谷川接著開口：「哪一天，我如果真的不在了……就把我的骨灰撒在這吧！」

＊

你或許並不知道，
我血液裡流竄的ＨＩＶ病毒，
正是支撐我奮鬥下去的力量。
心臟的鼓動，
宛如時鐘般規律滴答作響，
讓全身上下，
甚至連指尖上的每一條細微血管，都隨之奔騰！
即使免疫力不再，
但我的肉身，依然充滿生命力。

——《熊夫人的告白》

Episode 2

任何事都能隨心所欲，所有夢想皆能成真

不管是拓展朋友圈，還是找炮友，上個網就搞定了。
更何況現在還有交友 App……。

村上寬　《Badi》雜誌前總編輯
攝影／新井雄大

任何事都能隨心所欲，所有夢想皆能成真的自由樂土。

對於村上寬來說，新宿二丁目是宛如夢想般的存在。村上雖然出生於南美的祕魯，卻是從小在日本長大的第三代日裔——五歲的時候，他回到祖父母的故鄉，也就是日本的懷抱。在東京偏北的栃木縣，度過了他的年少歲月。直到邁入青春期，他才察覺到自己的性傾向，並且對同性產生性慾。

也是從這個時候，他開始對新宿二丁目心生嚮往。但對於遠在栃木鄉下的村上來說，與憧憬的彼方的唯一連結只能靠同志雜誌。其中，最讓他情有獨鍾的就是《Badi》。

如同前一篇故事所介紹的，《Badi》雖是後起之秀，卻是長谷川在罹患ＨＩＶ病毒以後，與透過娘炮玄學咖啡店傳承同志文化的小倉共同打造的。

一九九三年（平成五年）問世的《Badi》，隨著時代的變遷雖然也改版了數次，但仍不減他們在同志文化圈的影響力——從創刊初期以猛男雜誌為主打訴求，到後來也順應社會潮流，調整編輯方針或主題。

如同第一篇故事所描述的，這本雜誌在長谷川功成身退以後，由小倉接任總監一職。他憑藉著自己對市場的敏銳觀察，陸續以「同志生活樂悠悠」、「GAY LIFE MAGAZINE」等主題，引起廣大讀者的共鳴。甚至搭配DVD，將雜誌的宣傳訴求改為「GAY LIFE MAGAZINE & DVD」，而後又推出「BADY UP」。

日本同志雜誌的封面在過去大多使用圖像設計，不過《Badi》卻打破了這項傳統。二〇〇二年一月號，首度大膽嘗試用模特兒當封面人物，為同志雜誌開闢出新境界。而提出這個點子的，就是剛進入《Badi》編輯部的貴婦松子。

除此之外，《Badi》為了擺脫冷門雜誌的印象，亦從二〇〇九年一月號進行改版，試圖透過視覺效果，加強讀者對《Badi》的印象。

放眼同類型的雜誌中，勇於嘗試各種挑戰的，也唯有《Badi》而已。

許多同志都深受這本雜誌的影響。其中之一，就是在栃木縣長大，後來以藝名「HIRO」出道的村上。

思春少年的祕密：同志雜誌

「上了國中以後，我頭一次接觸到同志雜誌，那時架上還看得到《薔薇族》或《三仔》。而且，只要是同志雜誌，我每一本都會買。啊，其實也不是買，正確來說是『偷』……。」

偷同志雜誌。

這位以「HIRO」自稱，而非本名村上寬的男子繼續說道：

「我總覺得買這種書很丟臉、不敢買……。因為不敢去櫃臺結帳，所以我有大半年的時間都是偷書回家看。一開始，我也曾因擔心被別人撞見，而戰戰兢兢的站著看，但逛了幾次以後，終究忍不住順手牽羊了。不過，由於店家的監視器越來越多，加上我自己也慢慢克服了心理障礙，所以我後來才敢拿著雜誌去櫃檯結帳……但這也是半年以後的事了。」

連看個雜誌也得戰戰兢兢。

這是年少的他第一次因性傾向所面臨的困擾。

HIRO 生於一九八五年（昭和六十年），雖然他上國中的時候，才二十世紀末。但早在他十歲的時候，微軟就以「Windows 95」作業系統，正式宣告網路時代的來臨。不過，對於一個栃木鄉的小男生而言，當時的環境並不允許他們背著父母瀏覽同志網站。

「網路雖已漸漸普及，不過我們家還沒有這個環境，更不用說手機。我是上了高中以後，才有手機的。」

對一心繫念於新宿二丁目的 HIRO 來說，雜誌是他唯一可以獲得同志資訊的管道。因此，只要是同志雜誌，他無一遺漏。尤其是彩頁照片，是他自慰時最好的精神食糧，天天看也不膩。

「《薔薇族》的歷史最悠久，有各式各樣的資訊，但基本上以文字居多。那些資訊對我而言，當然也非常重要。不過，畢竟我還年輕，所以還是會比較想看那些彩色的養眼寫真照。除此之外，我也很愛《三仔》的插圖，光是那些圖像，都能讓我興奮上半天呢！」

HIRO 接著繼續點評當時的同志雜誌。

「……嗯，再來就是《G-men》。老實說這本有點像《Badi》，我也蠻喜歡這本的。不過當時我還小，那些太 MAN 的模特兒並不是我的菜。而且印象中這本雜誌的讀者年齡層也比較高，大概三、四十歲吧？但整體來說，讀者群最為年長的還是《參孫》。我認為，這本雜誌就是走中老年路線，專給大叔控或爺爺控。」

HIRO 口中的「爺爺控」，也是眾多同志癖好中的一種；指的是，偏好年近半百，一腳踏入棺材的老人。

順帶一提，同志的專有術語非常多。例如前文提到的，偏好中高年的大叔控、爺爺控，專走外國路線的「西餐控」（或洋雞隊），或者看到胖子就控制不住的「熊控」等。

話說回來，在群雄並立的同志雜誌中，《Badi》還是HIRO的最愛。「只有這本雜誌最特別！雖然他們的內容跟一般的娛樂性雜誌沒什麼兩樣，模特兒也都是走陽光路線。但坦白說，沒有深度、照片越多的雜誌才有意思呢！」

沒想到，長谷川與小倉創立雜誌的共同理念——「只要是好玩的、有趣的，應有盡有」，竟成為一個鄉下小男生勇於描繪同志夢想的契機。

從小讀《Badi》長大的HIRO，他的夢想逐漸扎根萌芽。

「對我這種在栃木鄉下長大的小孩來說，同志雜誌不僅重要，同時也促使我想把興趣變工作。我本來就喜歡繪畫、插圖或設計之類的。我常想，如果可以走這一行的話，最好是跟同志雜誌有關的。不過，我可不想等到老大不小了才踏入這一行，要做就得趁年輕。」

於是，從未離開栃木縣的HIRO，高中畢業後便毅然決然的上東京打拚——就讀東京某所設計學校。據他所述，當時大家都是憑藉著一股熱情到外地打拚。

讓別人看見自己，是一種驕傲

HIRO家中經濟並不寬裕，所有學費或生活費都得靠自己，因此他決定先到報社半工半讀。

他到東京的第一個落腳處，即是位於千代田區北邊、以舊書店街聞名的神保町。而神田一帶（按：同樣緊鄰東京大學）正好也是他負責派報的區域。於是，他便一邊派報，一邊到設計學校上課。

雖然離鄉背井上東京打拚，好不容易才展開了新生活，不過HIRO對新宿二丁目卻仍有些卻步。

即便新宿二丁目仍是他心中，那個任何夢想都能成真的自由之地，但在當時，他內心的恐懼其實大於憧憬。

「我不過就是個十九歲的小屁孩，新宿二丁目對我來說，是大人才敢去的地方。雖然我十六、七歲、讀高中的時候，有跟朋友去逛過；後來到東京，週末偶爾也會和朋友到新宿二丁目的酒吧開開眼界。

「不過，高中那時候可比現在熱鬧多了，到處都是人潮。一到週末，整條街塞滿計程車，動也動不了。尤其是那些毒舌媽媽桑，只要你反應慢個一拍，就會立刻被調侃：「天哪，你是死了嗎？」我第一次聽到時，其實心裡很不是滋味，總覺得自己到底是招誰惹誰，讓人指著鼻子罵？後來，我才知道原來這是同志圈特有的一種打情罵俏。」

與其說是憧憬，倒不如說是恐懼與反感。

這就是當時HIRO的年少情懷。

在網路蓬勃發展與行動電話逐漸普及的一九九〇年代中期以前，同志交友大多只能透過同志雜誌的交友欄。

然而，進入二〇〇〇年代以後，交友欄不再流行，取而代之的是交友網站，也就是手機的留言板。

此時的HIRO已是高中生，也有自己的手機，所以要透過這些留言板，尋找對象並不難。他的第一任男友，是在琦玉縣（按：位於日本關東）的同志商店打工時認識的；第二任對象則是在新宿二丁目工作。

「高中的時候，我還不太適應這裡。因為大家都是來這裡找對象，所以很多人都是看對眼就可以了，但我還是會怕要是被別人給拐走了，怎麼辦？等到東京住了一段日子、也交了一些朋友，逐漸有機會去二丁目逛逛以後，原有的顧忌與害怕才慢慢消失。」

HIRO便這麼一點一滴的，漸漸愛上新宿二丁目。

他原本打算設計學校一畢業，就去仰慕已久的《Badi》編輯部上班。無奈的是，他的人生目標再明確，也敵不過東京當時的物價。

於是，為了生計，他除了送報以外，又再找了一些可以增加收入的外快。

沒想到這個念頭，竟成為他人生日後的轉機。

「那個時候很流行視訊聊天，基本上就是賣弄色相——只要對著鏡頭一邊跟客人哈拉、一邊寬衣解帶，就有小費可拿。我就是靠這個賺外快的。不過，即便《Badi》是我夢寐以求的工作，但我還是會擔心自己誤入狼窩虎穴……所以，便靈機一動——不如先去當模特兒，試試水溫。於是，就向出版社毛遂自薦了。」

當時，HIRO在男同志的視訊聊天室「男人生活」已頗有人氣，沒多久便成為該聊天室的形象代言人。之後，他還在同志劇中軋上一腳。

當他意識到自己能靠臉蛋賺錢的時候，就抱著姑且一試的心態，應徵《Badi》的模特兒，沒想到竟順利通過試鏡。雖然他沒能按照原定計畫從事設計工作，不過模特兒或多或少也與《Badi》沾上邊。

二〇〇五年，二十歲的HIRO正式躍上《Badi》的封面，而且首次現身就登上七月號封面。

據說，當期封面原本設定的是插畫風格，但因為攝影師相當看好HIRO的外表與潛力，出版社才臨時決定走馬換將。

「同志圈又不像其他業界，背後有經紀公司撐腰，所以任誰都可以毛遂自薦。只要總編輯一點頭，便能立即進棚拍攝，然後在雜誌上亮相。老實說，我當時就像現在的年輕人一樣，滿腦子想的就是怎麼成名與受歡迎。」

同年，HIRO 還一舉奪下「Badi 年度最佳模特兒獎」，成為該雜誌最火紅的模特兒。

HIRO 的亮眼成績還不止如此。

二〇〇七年，他在一部以高中生為背景，描述同志內心糾葛與同婚議題的電影《初戀》（今泉浩一執導）中獨挑大梁。這部電影甫一推出，便在海外造成話題，且陸續在柏林與巴西利亞國際電影節中參展，並獲得國際間一致的讚譽。

這些光環不僅提高了 HIRO 的曝光度，同時也大幅提升他進入《Badi》工作的機會。

果不其然，畢業於設計學校、透過面試應徵的他，當場就被《Badi》的發行商錄取，也就是泰拉出版社。不過，由於公司規定新人都得從業務做起，所以他一開始是被分發到業務部的。

雖然這完全違背當初他所想的——透過設計專長，成為《Badi》的一員，但他依然遵從公司的規定，在業務部默默的努力了五年。

「設計的工作我連碰都沒碰過，就這麼過了五年。後來，我雖然一邊做業務，也協助編輯工作至少一年，不過，因為當初的熱情已不再，所以後來我就向公司提出辭呈了。」

那時二〇〇九年，HIRO二十四歲。

然而，《Badi》編輯部並沒有因此放棄HIRO。

當上雜誌總編輯，讓大眾從生活認識同志

離開公司還不到一年，他就接到公司的通知，希望他回編輯部上班。最令他意外的是，這個人事命令竟是要他接任總編輯一職，並且一肩扛起重新打造《Badi》的

任務。

「我也不過在編輯部幫忙過一年而已，沒想到公司竟然給了我總編輯這麼重要的職位。雖然我從沒想過要當總編輯，不過那時我也是年輕氣盛，所以就想：『好啊，當上總編輯以後，我就可以放手去做了。』」

於是，HIRO 重返《Badi》編輯部。他的編輯經驗雖然不足，但對於自己的品味與能力卻相當有自信。

走馬上任以後，他的第一個任務就是「視覺改革」。

HIRO 本來就是學設計出身的，加上一心想打造出流行時尚的風格。於是，便從封面開第一刀──換掉封面設計團隊。

「我好歹也在這裡工作了好幾年，自然希望可以帶領團隊，做出不同於以往的風格或創意。可是，我一直無法理解而且無法忍受的是，我想要的攝影或者呈現方式，現在的團隊竟然都做不到。這種要求在其他雜誌可是稀鬆平常，憑什麼我們就做不到？再怎麼說，我們也算是娛樂雜誌吧！怎麼可以連這一點骨氣都沒有呢？所以，我就把攝影師跟設計師給換了。」

想當然耳，此舉勢必招來內部一波反彈的聲浪。然而，這卻動搖不了他的決心——更加毅然決然的換一批新血。

接下來，他同樣積極的重新檢討編輯方針。

隨著網路與手機，於二〇一〇年代的快速普及，雜誌等平面媒體已逐漸式微。倘若只侷限於雜誌原有的媒體價值，任誰遲早都會被時代淘汰。

「在還沒有網路的時候，對於同志雜誌來說，情色跟新聞各半，勉強可以做下去。不過，在什麼都講求速度的現代，網路資訊比雜誌快上許多，只要一跟不上流行，原本的熱門新聞等到雜誌上市的時候，說不定都失去熱度了。

「換句話說，我們這種雜誌要生存下去，不是加強情色的篇幅，就是要找出取代新聞功能的內容物。所以，我的目標就是轉型成綜藝雜誌，讓讀者更貼近同志的生活方式。」

對於 HIRO 而言，他理想中的《Badi》應該充滿各種有益的資訊，或新奇有趣的內容，如此才能讓讀者百讀不膩。

以前那個重視即時性，依賴新聞的時代已經結束了。

「比方說，找一群年輕世代的同志，推出同志大頭照的特刊，讓他們浮出檯面；或者聘請專業攝影師，拍攝寫真集風格的彩照。我想做的，不是只有同志雜誌既定的內容或資訊，而是摻雜各種最新生活風格的綜藝型雜誌。」

這是 HIRO 身為總編輯的堅持。

他之所以被公司提拔為總編輯，其實來自於二〇〇九年三月所提出的企劃案「時下男子召集令」。短短一個月的時間，他便找到六十三名時下年輕同志，暢談他們的夢想、目標或戀愛觀。

另外，在二〇一四年一月號，則以「我的同志生活進行式」為主題，邀請拍攝過雜誌封面的七十五名模特兒，讓大家知道他們的最新動態。

HIRO 維持他一貫的企劃風格，不論是二〇一八年十月號的「東京同志城市男孩」（Tokyo gay city boy），或二〇一九年二月號的「時下同志攝影」等，他都盡可能的增加同志在雜誌平臺曝光的機會。

除此之外，他還與紀嘉良[15]或下村一喜[16]等國際攝影大師合作，透過時裝攝影師的鏡頭，以視覺感官傳達截然不同的風格。

順帶一提，在 HIRO 引以為傲的企劃案「構成．設計」，編輯名單上掛的可是他的真實姓名「村上寬」。據說，這還是出自他本人的意願。

HIRO 如此說道：「我覺得不管時代如何演變，情色對於同志雜誌還是一個必要而且不可或缺的元素。不過，我並不覺得自己是在做色情雜誌，或是在社會大眾眼中，《Badi》是一本只給同志看的色情雜誌。

「編輯部的同仁也一致認為，我們的雜誌其實跟其他戶外或動漫雜誌沒什麼兩樣。換句話說，我們手上做的是趣味風格的刊物。撇開什麼性的本質、各種艱澀的問題，我們只想做一本可以吸引同志，新奇又好玩的雜誌。只要與同志有關的，都是我

15 一九七一年生於新加坡，曾與濱崎步、女神卡卡或安室奈美惠等知名藝人合作。

16 一九七三年生於日本兵庫縣，擅長將女性美發揮極致，為各大巨星的御用攝影師。

們報導的對象。不要想太多，抓住這個大方向就對了。」

然而，在強調市場定位、細分消費客群的現代，綜合性雜誌大多難以生存。因此，HIRO 認為，要殺出一條生路，唯有全面鎖定鐵粉的需求以及同志雜誌的受眾讀者群。

當然，如同前面說過的，《Badi》對於LGBT或性病傳染相關議題向來不遺餘力。除此之外，在 HIRO 的編輯方針下，他們也報導女性雜誌常見的話題，例如：「名人私藏品攻略～隨身小物大公開」（二〇一八年七月號）等，讓讀者輕鬆一笑的內容。

他們的內容可說是五花八門。HIRO 曾說，所謂「雜誌」，就是封面看起來像便利商店似的，什麼都有。由此不難看出，他對市場的觀察相當簡潔明快。

新宿二丁目不再是同志村？手機交友惹的禍

如同前文所提及的，網路的發達加上手機的普及，不僅改變了雜誌原本的型態，也讓新宿二丁目的街貌截然不同。

在二十一世紀初期，HIRO還是個高中生。新宿二丁目對他來說，不過就是個遊樂場所。直到出社會以後，這裡才成了他的生活，以及熱愛的工作的所在。

然而，不到二十年的歲月，這裡卻已不再是他從前所認識的新宿二丁目。

HIRO遲疑的表示：「我甚至覺得『同志村』這個字眼是否還適用於新宿二丁目，都值得商榷。」

他停了一下，接著說：「沒錯，這裡曾經是同志大本營。不過怎麼說呢……雖然現在比較多元化，就像其他的觀光景點一樣，到處都是外國遊客。但老實說，在這裡已看不到什麼真正的同志了。

「甚至有一段時間，這裡的人煙還很稀少，即使週末也沒什麼人潮。以前的話，只要某家酒吧開趴就會擠得水洩不通，連阿貓阿狗都來湊熱鬧。不過，據說現在連那家酒吧也得拚命的招攬客人。有些店員還直搖頭的問我：『你說說看，人都跑到哪裡了？』」

真正的同志越來越少。

是啊，到底是怎麼了？其實，不就是因為網際網路日漸發達、手機快速普及的關係嗎？

「從前的新宿二丁目之所以受同志歡迎，那是因為他們到這裡才有邂逅的機會。這裡不僅能交交朋友，運氣好的話，還能找個人共度春風。可惜的是，時代變了。現在的年輕人已經不吃這一套了。不管是拓展朋友圈，還是找炮友，上個網就搞定了。更何況還有同志專用的配對通訊軟體，又何必特地跑到新宿二丁目？」

就像 HIRO 所說的，如果只是尋求邂逅的話，只要滑滑手機就可以了，根本沒必要特地前往新宿二丁目。而且同樣是新宿，誰規定一定要在二丁目？車站前面的 ALTA 大樓[17] 難道不行嗎？換句話說，不管是澀谷還是池袋，只要雙方約好地點就可以了。那麼，既然如此，又何必大老遠的往新宿二丁目跑？

在《Badi》慶祝創刊二十週年的二〇一四年一月號中，有以下這麼一段報導：

「在網路或社群網路服務（Social Networking Service，SNS）尚未普及的一九九〇年代，同志雜誌是同志唯一的交友管道。例如，一九九八年八月號的聯誼信箱就打破同志雜誌的紀錄，留言件數竟然高達一千六百二十四封。」

兩者之間雖然相差不到二十年，但當時雜誌的影響力卻非今日所能想像。

例如，同志必須先將自己的個人簡歷寄給編輯部；經雜誌審核刊登後，讀者再依各自的喜好與編輯部聯絡。最後，透過編輯部，雙方才得以一見。

這一道又一道的關卡按照現在的標準來看，應該很難想像。即便如此，當時的同

17 位於新宿東口，是集百貨、服飾、餐飲與便利商店的商業大樓。

志依然苦心尋覓各種邂逅的機會。因為，對於他們來說，雜誌除了傳遞資訊以外，更是人與人之間的溝通工具。

HIRO 接著說：「以前說到喝酒，就是往新宿二丁目跑。現在喝酒的地方多了，才會有澀谷攤、新橋攤或上野攤什麼的。尤其，這幾年還流行家庭趴、火鍋趴，這下好了，連出門都不用，直接在家裡喝個痛快。所以，新宿二丁目的店家為了生存只好轉型，不少同志酒吧也紛紛改為純酒吧（Shot Bar，以純飲烈酒為主，像是威士忌）或混合型酒吧。」

他的這番話不禁讓我想起，第一篇故事中的長谷川曾感嘆：「事實上，有幾家同志酒吧就是這樣才轉移陣地的。」

換句話說，溝通工具的發達，間接改變了新宿二丁目原來的面貌。

除此之外，觀光客的增加也是原因之一。

「隨著同志的減少，取而代之的是因媒體報導而前來一窺究竟的一般大眾。於是，有些同志便想：『大本營既然曝光了，還是別去了吧！』因此而轉移陣地。而那些仍然願意到新宿二丁目光顧的，不外乎是捧個人場，或者是老交情的緣故。歸根究柢，重點還是人與人的邂逅。」

找個對象、交交朋友或者發展一夜情。

不論每個人的目的為何，都是HIRO所說的「邂逅」。而且，這一切在新宿二丁目是那麼的稀鬆平常。但是，同樣是追求邂逅，人們現在卻已不必再特地來此，甚至越來越不需要。

話雖如此，HIRO仍然喜歡新宿二丁目。

「就在我接任總編輯前不久，《Badi》的編輯部從新宿一丁目搬到二丁目。雖然兩地相隔不遠，走路也只需五分鐘。不過，一丁目與二丁目所代表的意義卻大相逕庭。在二丁目可以二十四小時觀察街區的動態，或者行人的進出。即使忙到三更半夜，也能聽到馬路上的喧嘩，甚至是卡拉OK的歌唱聲。

「如果朋友來這裡喝酒，也會順道來看看我；若遇到臨時換稿，我只要去外面散步，靈感俯拾皆是。在新宿二丁目辦雜誌與生活，其實好處多得很呢！」

新宿二丁目特有的市街喧嘩與風情，才是《Badi》的精華所在。

隨著日本經濟的蕭條，出版業快撐不下去的新聞時有所聞。同為出版業界的一分子，同志雜誌即使力挽狂瀾，也免不了受到這波巨浪的衝擊。

結束是開始：扭轉同志雜誌上不了檯面的印象

一九九六年，同志雜誌五強之一的《亞頓》第一個挺不住，接著《三仔》與最老牌的《薔薇族》也相繼於二〇〇二年與二〇〇四年結束經營。在HIRO加入這一行以後，第一篇故事的長谷川耗費心力打造的《G-men》也於二〇一六年宣告停刊。

儘管競爭對手有如骨牌效應般逐一倒下，HIRO仍然堅守崗位，為同志雜誌繼續奮鬥。他在堅持新奇兼具流行時尚的原則下，想盡辦法讓《Badi》撐下去。

可惜的是，這些努力在二〇一八年十二月，也不得不面臨曲終人散的命運。

就在該年年底，《Badi》決定停刊。

雖然二十五週年特刊，才熱鬧的回顧四分之一世紀以來的點點滴滴；雖然雜誌封面上，氣勢磅薄的寫著「回首來時路、大步向前行，我的新人生里程碑」。遺憾的是，二〇一九年一月二十一日發行的三月號，也不得不正式發布停刊聲明。

這本雜誌出自HIV患者長谷川之手，並且由擅長主導LGBT書籍雜誌，同時透過娘炮玄學咖啡店整合同志文化的小倉接棒。

其中，更不乏貴婦松子與布爾邦努（Bourbonne）[18]等人出力，還有堅守崗位，奮鬥到最後的總編輯HIRO。

用臥龍藏虎、人才濟濟來形容《Badi》一點也不為過。日本藝文界的大咖莉莉・弗蘭奇（Lily Franky）[19]甚至將之比喻為「同志圈的梁山」，專門培育各界英雄好漢。

《Badi》最大的貢獻，就是**扭轉長期以來同志雜誌上不了檯面，讀者只能暗地裡偷偷翻閱的印象**。而且自創刊以來，還破天荒的邀請各行各業的名人當封面人物。

18 本名齋藤靖紀，生於一九七一年岐阜縣。日本知名變裝皇后。
19 本名中川雅也，生於一九六三年福岡縣，橫跨藝文界的藝人。

例如，政治界方面，就有第三代社會民主黨黨首的福島瑞穗、前參議院議員的尾辻加奈子（按：同時也是日本ＬＧＢＴ人權運動者）、無黨籍男同志議員的石坂渡、同為性別認同障礙者[20]的無黨籍議員上川綾，以及立憲民主黨議員的石川大我等。

音樂界方面，則有以動漫片《鋼之煉金術師》片尾曲成名的克莉絲朵・凱兒（Crystal Kay）、節奏藍調二人組的 DOUBLE[21]、〈Choo Choo Train〉作曲人中西圭三、八〇年代當紅歌星岩崎良美、唱作俱佳的米倉利紀與臺裔的一青窈等老中青三代。

藝人方面，則有藤井隆、搞笑藝人ＨＧ（Razor Ramon Hard Gay）；藝文界有社會禁忌題材小說家山田詠美、推理小說家戶川昌子與音樂評論家湯川麗子等人。

除此之外，《Badi》甚至邀請到在迪士尼電影《歌舞青春》（*High School Musical*）中，大放異彩的柴克・艾弗隆（Zac Efron）、主演《搖滾芭比》（*Hedwig and the Angry Inch*）的約翰・卡梅隆・米切爾（John Cameron Mitchell）與《王牌大賤諜》（*Austin Powers*）中的賽斯・葛林（Seth Green）等家喻戶曉的國際巨星。

這本刊物為同志雜誌開闢出前所未有的格局。

這也是《Badi》追求的目標，與一路走來始終如一的堅持。

HIRO回憶過去那段忙得不可開交的總編輯生活，這麼說道：

「過去我們的發行量是七萬本起跳，但現在頂多只有兩萬本，而且這個數字可能還會持續下探；就連廣告收入也大幅縮水，只有全盛時期的三分之一。然而，即便如此，我也不會讓品質受到影響。我心裡只有一個想法——為了不辜負每一位忠實讀者的厚愛，我無論如何也要守護《Badi》。可惜的是，大環境的因素，加上編輯部與公司的方針不合，最後只好決定停刊。不過，其實我也有在思考，能不能透過線上的方式，做一個網路版的《Badi》，再怎麼說大家也是一路打拚來的……。」

---

20 gender dysphoria，是指一個人在心理上無法認同自己與生俱來的性別；現改稱「性別不安」。

21 由SACHIKO和TAKAKO兩姊妹所組成的R&B團體，但姊姊已於一九九九年逝世，而妹妹仍以Double為名繼續完成演唱事業。

話說回來，HIRO與《Badi》還真是有緣。打從待在栃木鄉下時就是個小鐵粉。上東京以後，因緣際會又成為《Badi》的招牌模特兒。設計學校畢業後，還順利進入《Badi》上班。

《Badi》這本實體刊物雖然畫下休止符，不過花費二十五年心血建立起來的品牌，實力仍不容小覷。往後能否透過嶄新的形式，重新發揮它所蓄積的能量也備受各界矚目。

隨著時代的變遷，新宿二丁目的風情不再，雜誌媒體的型態也大幅改變。最根本的原因，或許就是因為資訊傳輸工具的發達與普及吧。

HIRO表示：「我想再過個幾年，應該再也看不到同志雜誌了吧。」

《Badi》停刊以後，過去的五強中只剩下《參孫》，因轉型為商業雜誌才得以續存。在二〇一九年一月發行的最後一期，《Badi》編輯部安排了一個「FROM READERS」座談，HIRO感慨萬千的說：

「現在只要打開電腦、上個網，想找什麼就有什麼。不過，這反倒讓我們的視野變得狹窄——只看到自己有興趣的資訊。我認為，同志雜誌的賣點就是五花八門。也就是說，除了要讓讀者可以找到他們想要的——情色、同志酒吧或獵豔場所等情報，還得穿插一些俱樂部或LGBT的活動、性病的防治知識，甚至熱門話題或社會新聞等，讀者原先不感興趣內容。」

所謂的雜誌，就是除了吸引讀者的題材以外，還要提供一些他們不感興趣或不關心的內容。

此外，《薔薇族》第二任總編輯龍超也在連載專欄中，留下畢業感言。

「請恕我舊話重提，我覺得同志雜誌之所以接二連三的休刊，網際網路普及絕對是最大原因。在以前，「感官的刺激（彩頁）」與「邂逅的機會（交友欄）」是同志雜誌的兩大賣點。

不過，這些需求現在讀者只要上網就能獲得滿足，而且還無須付費。最重要的是，網路的視覺感官不僅遠比雜誌來的刺激，就連傳播速度之快，也是雜誌所望塵莫及的。相形之下，也難怪現在的同志們都只上網了。」

這段感言還真的是舊話重提。不過，卻也是大家心知肚明、不爭的事實。

在談到雜誌的未來與自己的下一步時，HIRO如此說道：

「對我來說，世上沒有比《Badi》更重要的事情了，我的人生就像是為它而活一樣。」

這就是HIRO與《Badi》長期以來的革命情感。

在雜誌的最後，HIRO用以下這段話為這本同志雜誌畫下句點：

「我與《Badi》雜誌的緣分，打從還在栃木鄉念書時就開始了。沒想到踏入社會後，有幸還能進入這家公司上班。雖然我曾兩次錯失進入編輯部的機會，不過或多或少也提供了一些業務上的相關支援。時光匆匆，一晃眼就是十四年的歲月。最後，請容我向各位讀者、客戶、同仁還有自己，致上十二萬分謝意。同時，也說一聲大家辛苦了。」

二〇一九年一月，《Badi》二十五年的歷史終於落幕。

香まり
Kamari

Episode 3

無須虛張聲勢，做回自己就好

難道大家怎麼說，我就得怎麼做？
難道我只得配合大家，不能做自己？
什麼叫像個小男生？什麼又是像個女孩子？

一之瀨文香　日本演員兼酒吧香茉莉經營者

攝影／渡邊愛理

「二〇一五年四月，我與心愛的她終於共結連理，
在親朋好友的祝福下，順利完成了一場既幸福又美滿的婚禮。
一襲白色婚紗的我，身旁站的是同樣身穿白色婚紗、一臉幸福的她——
是的，我們是女同志伴侶。

我是一之瀨文香，三十四歲，是名演藝人員，
而我的妻子杉森茜，二十八歲，同樣也是一位出色的演員兼舞者。
我們的同婚儀式在當天，
不僅吸引了三十幾家媒體蒞臨觀禮，
更成為國內外各大電視、新聞或網路爭相報導的話題。
我想，這場婚禮之所以備受矚目，除了是日本演藝圈首例以外，或許是因為或多或少可以改變世人對於同婚的看法吧！」

——摘自《女性同婚：我與她的紅毯祕辛》，一之瀨文香

*

一之瀨文香，一九八〇年（昭和五十五年）出生於神奈川縣。

她的雙親同樣來自日本東北的山形縣。父親從事研究工作，母親是家庭主婦，一之瀨是家裡的第一個寶貝。當時，他們住在神奈川某個山明水秀的鄉下地方。在一之瀨六歲的時候，第二個寶貝誕生了，也就是她的弟弟。直到她八歲的時候，才舉家搬到栃木縣。

在她小時候，父親總是不斷的叮嚀：「加油啊，妳將來可是要讀國立大學的。」母親則說：「妳呢，一定要給我考上這裡最棒的明星學校，乖乖讀完大學，然後找一個家世不錯的人家嫁了。聽到了沒？」

可惜的是，小小年紀的她連短短五十分鐘的一堂課都坐不住。她雖然知道上課要乖乖坐好、不可以亂動，可是她就是靜不下來。

其實她也不懂，其他同學都能聽老師的話，為什麼偏偏自己就是做不到？因此，在她幼小的心靈中，總有一股揮之不去的挫折感。

雖然長大以後，醫師告訴她，這是所謂的注意力不足過動症（Attention Deficit Hyperactivity Disorder，簡稱ADHD），也就是俗稱的過動兒。不過，那也是好久以後的事了。

她說，自己從小最討厭大人動輒就說：「男孩子就該怎麼樣」、「女孩子這樣子不像話」之類的話。因為她天生就好動，不僅安靜不下來，還是個天不怕、地不怕的問題學生。不過，每當她在玩拼圖或算術時，卻又十分專心，甚至全神貫注到忘我──這才是最真實的她。

然而，不只是班上的小朋友，媽媽或老師這些大人也總是說：「妳怎麼像個小男生啊！」老是提醒她言行舉止應該像個女孩子……。

難道大家怎麼說，我就得怎麼做？

難道我只得配合大家，不能做自己？
什麼叫像個小男生？什麼又是像個女孩子？

小小年紀的她，已開始為性別認同煩惱。

第一次與女生接吻

在搬到栃木縣以前，父母早就幫一之瀨安排好一切。所以，國中畢業以後，她便按照家人的期望到女子高中就讀。

學校迎新舉辦了兩天一夜的新生訓練營，而在那次旅行，一之瀨有了人生的「第一次」。那個女生叫亞沙美，兩人其實也不熟，不過就是透過朋友聊了幾句而已。

當時，她與亞沙美原本還在打打鬧鬧，但不知怎麼的就鑽進了被褥。雙唇不小心互碰的兩人，情不自禁的親吻起來，相互愛撫，甚至將手伸進對方的內褲，盡情翻弄。

其實，她國中的時候也有跟班上的男生接過吻。只記得全身上下，就是一股說不上來的不舒服與厭惡。可是，亞沙美的吻卻完全不同，那種歡愉連自己都覺得不可思議。

那晚過後，她和亞沙美並沒有進一步的發展，但這卻是她頭一次意識到內心那股澎湃激昂的性慾。

高三的夏天，她戀愛了。對象是同班同學的小月。

很快的，她倆在小月的房間發生性關係。當下她只覺得整顆心跟身體像是要融化似的，心中無比幸福，那是從未有過的快感。

高中畢業以後，一九九九年（平成十一年）一之瀨離開家鄉，前往東京就讀大學。從小到大，她一直都聽從父親的安排，努力準備報考國立大學，而且還是理工科系。不過，後來卻違抗父命，在最後關頭選擇一所私立大學的美術系。因為她再也不想當個乖乖牌，走在父母規畫好的人生跑道上。

與此同時，小月也考上東京的音樂學校。因此，上大學以後，兩人仍然繼續交往，但沒多久小月就因為另結新歡而提出分手。

這個突如其來的打擊，讓一之瀨久久無法平復，情緒低落到甚至出現圓形禿。這段時間她不是在朋友家到處晃，就是找人來家裡玩。因為她害怕獨處，忍受不了那種空空蕩蕩的寂寞。

就在她情緒持續陷入低潮時，人生有了轉機——某天她在看漫畫時，看到一個代表女同志的名詞——「蕾絲邊」。

至此她才發覺，原來自己一直以來喜歡的、交往的，或是發生親密關係的都是女孩子。當下，她雖然沒將自己跟漫畫裡的「蕾絲邊」聯想在一起，不過，卻也存有一絲疑慮——或許有什麼共同點吧？

直到某天，她用學校電腦上網搜尋「蕾絲邊」，無意間看到一家女同志酒吧的資訊，才就此打開通往新宿二丁目的大門。

「我只有大一的時候，聽爸媽的話乖乖住校，等到二〇〇〇年春季，也就是大二以後，我就在外面租房子了。不過，就在搬家的那一天，小月同時也離我而去。那段時間，我的心就像破了洞似的空蕩。

女同志酒吧在新宿二丁目，刷出存在感

「一直到過了五月的黃金週（按：Golden Week，指日本四月底到五月初的長假），我才勉強打起精神去學校，並試著上網搜尋「蕾絲邊」等關鍵字。結果，螢幕上出現一堆香豔刺激的畫面。老實說，這些漫畫情節簡直不輸成人電影，但這種為了刺激讀者視覺感官，充滿情慾、浪漫夢幻的劇情，實在與現實生活相差太遠。

唯一吻合的，大概就只有女性之間的肉體行為，所以我才會忍不住想上網查個究竟。可惜當時網路才剛起步，網路上的資訊並不多。不過，找來找去，倒也讓我找到一家標榜『貨真價實！僅限女性、男賓止步！』的女同志酒吧——沒想到，這家店竟然成為我踏入新宿二丁目的入門磚。」

新宿二丁目對她來說，向來就是男同志的尋歡場所，沒想到竟然也有蕾絲邊酒吧。

據她描述，當下的心癢難耐，令她很快就下定決心。

話說，一之瀨還真是個行動派。那天下課以後，她便直奔網上搜尋到的那家酒吧了。她在那裡非常自在，完全感受不到一絲絲的猶豫或抗拒。

「抗拒？怎麼會。那裡跟一般的酒吧沒什麼兩樣。唯一的不同，就是來光顧的全是大家口中的蕾絲邊罷了。對我來說，就這麼簡單。」

這家迷你酒吧，只有一個吧檯與兩張桌子。連同服務員在內，當時店裡不到十位女性。當一之瀨踏入店內時，眾人不約而同的望向她。

「一進門，就有個人跳出來招呼：『歡迎光臨！我是這家店的媽媽桑娜娜，妳是第一次來嗎？』

「我回說：『您好，我叫小一。頭一次來。』接著，其他客人也湊上前來問東問西：『妹妹妳幾歲呀？』或者家住哪裡之類的。後來我才知道，這家酒吧只是新宿二丁目的周邊店家而已，據說在新宿二丁目還有更多的蕾絲邊酒吧。聊到這裡，不少人都跟我說：『下次找個時間帶妳去逛逛。』但那天，我認識了一些新朋友以後，便直接回家了。」

對她來說，生平第一次踏進的蕾絲邊酒吧，不僅自在到就像回到家一樣，而且，還從其他前輩那裡獲益良多。

接下來，就讓我引用她在《女性同婚：我與她的紅毯祕辛》的一段話，介紹當時二丁目的女同志情事（下述文中的「現在」，指的是該書發售時的二〇一六年）。

這些前輩跟我說，「蕾絲邊」其實帶有歧視的意味，因此最好不要用。女同性戀者的正確說法是「女同志」，氣質較為陰柔的一方，稱作「婆」（P，Femme），豪邁、帥氣的一方，則稱作「T」（踢、Butch，取自Tomboy的第一個字母）。

老實說，我當時還曾經鬱悶，為何自己總是一頭短髮，一身澀谷系男裝潮牌Vanquish，在外人眼中卻是個「婆」？

現在的女同志流行將自己打扮得跟男孩子似的。例如，特意將胸部壓扁，套件男子衣衫或一臉素顏。如果不這樣打扮的話，似乎就不能算是「T」。或許這就是我在外人眼中，始終是個「婆」的原因吧。但話說回來，新宿二丁目早就變了，街上多的是「婆」或是「H」（不分，指不把自己特定在T或P）的女同志。

除此之外，我還從前輩口中，知道不少同志床第之間的專用術語。

舉例來說，主動的一方稱為「一號」，俗稱「攻」。被動的一方稱為「零號」，俗稱「受」。當時在二丁目，大家都搶著當「一號」；介於一號與零號之間的，就是「〇・五號」。換句話說，這類人既可攻、亦可受。但也有人是，不管是一號還是零號，對外都宣稱自己是「〇・五號[22]」。

這是她第一次踏入女同志酒吧。在這裡，她度過了舒暢無比而且刺激的時光。過幾天後，她也總算實現多年的心願，正式踏上新宿二丁目。

「是先前在酒吧認識的一位姐姐，帶我去二丁目開開眼界的。那個時候，除了女同志酒吧以外，也去了接受各種性別或性傾向的混合型酒吧。恰巧的是，其中一家的老闆娘問我：『怎麼樣，有沒有興趣來我們這裡幫忙？』。我當下覺得還滿有意思

22 在現代，有越來越多的人擺脫攻受的區分，T並不一定會和婆在一起；換言之，攻受屬於流動關係。

的，便不加思索的一口答應：『好啊，一週一天也可以嗎？』然後就這麼成交了。」

就在命運的推波助瀾下，一之瀨一步一步的邁向新宿二丁目。

後文也會提及，由於一之瀨自認是廣義上的女同志（第九十八頁），所以她對於那些與自己性傾向不同的人，從不覺得厭惡或是排斥。

這樣特有的包容性與自由的思維，正是混合型酒吧工作者必備的特質。而這也是那家老闆娘之所以相中一之瀨的緣故。果不其然，一之瀨在短短一個月內，便成為新宿二丁目的招牌妹。

「剛開始，我連怎麼調酒都不知道。不過，老闆特別信任我，不管是開店還是關門都讓我一個人包辦。也還好店裡的客人大多是老闆的朋友，一些熟客還算好應付，所以我才能夠有驚無險的度過。」她頓了一下，靦腆的笑著說：「嗯，其實話也不能這麼說。大概是我臉皮夠厚，沒放在心上吧！」

於是，她便開始了白天在大學上課，晚上在新宿二丁目打工的日子。

對她而言，全世界再也找不到如此愜意的去處。

喜歡女生，就是女同志？性別認同由自己定義

新宿二丁目匯集了各種性本質與性傾向[23]的人。

如同故事二中所介紹的，男同志圈依個人的興趣或嗜好，發展出「熊控」、「西餐控」、「大叔控」或「爺爺控」等類別。而女同志則像前面所說的，不僅有「小攻」、「小受」或「可攻可受型」等區分，而且還可能根據外表被歸類為「T」、「婆」或「H」等。

除此之外，ＬＧＢＴ一詞在現今的社會也越來越普遍。

L……Lesbian（女同性戀）

G……Gay（男同性戀者）

---

23 性傾向（sexual orientation），是指一個人無論在性愛、心理、情感、及社交上，被特定性別的人所吸引。而性的本質除了性傾向，還包括生理性別、心理性別、社會性別。

B……Bisexual（雙性戀者）

T……Transgender（跨性別者）

人類對於性別的定義其實相當複雜。例如，生理構造的差異讓我們有「生理性別」；依思維模式，則還有各種不同的「心理性別」（性別認同），以及心理上偏好的性別等。換句話說，性別是由這些生理上或心理上的因素交錯影響而形成的[24]。

所謂的性本質，並沒有嚴密的分界點。

只能說一樣米養百樣人，每個人的狀況都不盡相同。

不過，一之瀨又是怎麼看待自己的呢？以下就讓我們從她的自傳，一探究竟。

所謂的女同志，是指「喜歡女性的女人」。

雖然我的外表是女性，但我卻從來不覺得自己是個女孩子。我覺得男人跟女人的區別，也不過就是身體特徵上的差異罷了。

說不定人類的心理性別根本就沒有所謂的男女之別。真要分的話，那我應該是個男的，或者不男不女？也就是人們口中的中性。那麼，如果我的內心與外表並不一致，我又何嘗不能說自己是個跨性別者？換句話說，即使我喜歡的是女生，外表也是女生，但也不代表我就是個女同志。可惜這些事非三言兩語能解釋，所以我在接受採訪時，一律都是用「女同志」一筆帶過。

確實如此，性別認同就像一之瀨在自傳中所說的一樣：「非三言兩語能解釋。」因此，最近開始有人質疑LGBT過於狹隘，提倡用Q（Queer，酷兒或疑性戀〔Questioning〕）的概念取而代之。

「Queer」原本有「不可思議」、「異於常人」或「古怪」的意思。近年來，卻

24 以前常用「男性」、「女性」來區分性別，但隨著多元性別的推廣，現代人已不再受限於傳統二元性別，而是依不同的性別特質，而有自己的性別認同，例如：第三性，或是生理為男性，心理性別是女性的人（亦即生理性別，並不一定等於心理性別）。除此之外，還有社會性別，指的是依社會文化與脈絡所建構出來的性別，但這經常存有性別刻板印象，例如女性就該溫柔、照顧家庭；男性就該陽剛、很會運動等。

成為性少數族群的代名詞。

而「Questioning」，是指對自己的性本質、個人性別、性傾向、性別認同等問題仍有疑惑的人。

隨著時代潮流的演變，最近媒體上常見的不再是ＬＧＢＴ，而是ＬＧＢＴＱ（按：亦有ＬＧＢＴＱＩＡ的說法，參考第九頁的隨頁註）。

「老實說，我動過打男性荷爾蒙的腦筋，或者把胸前這兩坨給拿掉。也試著把胸部壓扁，模仿哥兒們的打扮。不過，最終還是作罷。

「我雖然也想像男人那樣有個『小弟弟』，或者長得高大健壯。可惜的是，這些都不是動動手術就可以搞定的……。最重要的是，我滿喜歡自己的外表，還不至於討厭自己的身體。

「真正讓我受不了的是，社會上對女人該如何、男人又該如何的性別刻板印象。到頭來，我還是不想被別人貼上標籤，甚至只因為自己喜歡女孩子，就非得裝出一副Tomboy 的模樣。我反倒認為，儘管在外人眼中，自己的外表與內在存有許多衝突，我仍有義務好好善待這副身軀，同時讓她發光發亮。當然啦，世事多變化，我也不敢掛保證。

「不過，我現在之所以會自認為女同志，只是因為長久以來喜歡的全是女孩子的緣故。說不定哪天就轉性了呢！所以，我決定跳脫開世俗的框架，隨遇而安就好。最重要的是，不違背本心，尊重當下的自己。」

以上的性別認同與反思，可是一之瀨看盡新宿二丁目人生百態以後，所得出的結論。

自一之瀨漸漸依戀上新宿二丁目這個地方以後，因被劈腿而生無可戀的她，心中的創傷終於逐漸痊癒。同時，她也改變了過去的作風。

不用交代祖宗十八代，新宿二丁目讓我做回自己

「我以前就是因為不知道新宿二丁目，所以只會傻傻的等待真愛的降臨或是相知相惜的對象。不過，當我開始接觸這裡以後，就變得積極多了，總是時不時的催促自己去逛逛。我甚至可以說，多虧這個地方，才讓我活得更有自信。」

如同新宿二丁目是男同志的大本營一樣，這個地方對於女同志而言，也是不可多得的交友場所。不論是想找個對象，或是因寂寞難耐而尋求一夜情，只要去趟二丁目保證不失所望。

「我上大學的時候，不像現在有什麼交友網站，頂多就是女同志的留言板，連聊天室也才剛起步。最重要的是，那個年代誰買得起電腦！不過，有電腦的同學倒是常常上網獵豔。」

新宿二丁目除了女同志以外，還有不好此道的異性戀，也就是所謂的直男、直女；當然也不乏男同志或雙性戀者。於是，在與各式各樣的人交流的過程中，一之瀨同時也開拓了自己的視野和胸襟。

「老實說，我就是因為到處飲酒作樂，才結識了各種性傾向的人。酒酣耳熱之際，不僅可以聽到纏綿悱惻的愛情，也有不少上不得檯面的黃色笑話。然而，這些經驗都教會我——**如何站在不同的角度去思考**。」

一之瀨還說：「新宿二丁目也有自己的江湖老規矩。」

「一般在酒吧，大家總不免要先自我介紹。比方說，讀哪間學校、在哪裡上班，又或者是哪家公司的阿貓阿狗之類的。可是這裡不談工作、也不用交代自己的祖宗八代；相反的，也沒有人會不識相的打破砂鍋問到底。

「換句話說，**任何人都無須虛張聲勢，做回自己就好**。我相信這就是新宿二丁目的魅力所在。至少對我來說，非常自在。」

新宿二丁目作為一個同志村，除了日本國內，甚至在國際間聲名遠播。即便如此，也有不少像一之瀨這樣的女同志趨之若鶩。

除此之外，還有一些不拘泥於性別認同，歡迎任何性傾向的人光臨的混合型酒吧。加上近年來觀光客的急速攀升，也讓市上面出現一些應景的觀光酒吧。

雖然這些酒吧現在是共存共榮，其實在過去可是競爭得相當激烈。

「那個時候的女同志酒吧，本來就跟同志酒吧沒得比，數來數去就是那幾家。所以，大家都是卯足全勁的拉客。例如，大剌剌的跟客人說：『人家不管，妳可不准去那裡喔！』或者雙方互看不順眼就立即開幹之類的。不過，這幾年女同志的酒吧越來越多，不再像以前那樣針鋒相對，所以競爭也就沒那麼激烈。」

與一之瀨剛入門時相比，新宿二丁目的女同志酒吧數量多了許多。因此女同志也隨之急速增加。

她說：「換作是以前的話，只要提到這個地方，女同志不免躊躇不決：『真想去逛逛二丁目，不過，還是算了吧！』可是現在哪來這麼多內心小劇場。她們只會想：『二丁目？沒聽過，先去再說。』

「情況之所以如此轉變，並不是因為女同志越來越多，而是酒吧不再那麼難以親近的緣故。於是，原本一些因為內心的糾葛、迷惘或猶豫，而不敢輕易踏進此地的客人，終於也卸下心防，來新宿二丁目開一開眼界。」

漸漸的，在這個以同志大本營聞名的新宿二丁目，女同志酒吧也一點一滴的刷出它的存在感。

一之瀨是在上大學以後，才接觸到新宿二丁目，後來也在這裡找到新的戀情。

她曾沉浸於兩人世界的濃情蜜意，也曾經歷過椎心刺骨的失戀；為了填補心中的空虛，她甚至盡情縱慾，只為片刻的麻痺與歡愉。

出櫃是勇氣，更是給自己全新的開始

除了每個禮拜五去酒吧報到以外，她偶爾也在只招待女性的「Women Only Event」，充當熱場啦啦隊。

二十一歲的時候，她跟當時女友在外同居。不過，由於她還是個學生，租房子時仍需家長作保，因此這是她第一次跟父親老實交代自己的性傾向。令她意外的是，父親聽了之後，一句話也沒說。

大學畢業以後，她一邊在補習班教數學，一邊到處面試，只為了一圓演員夢。有時還會接一些企業活動的外快，擔任形象代言人。

二十六歲的她被前東家挖掘，如願以償的進入演藝圈。那家經紀公司專攻寫真女郎路線，簽約沒多久公司就推出她個人的第一張ＤＶＤ。這張ＤＶＤ的銷售不僅一鳴驚人，之後的兩、三年也維持不錯的佳績。

二〇〇九年四月，一之瀨遇到人生的轉捩點。

在知名攝影週刊《FLASH》的採訪中，她正式出櫃，公開自己女同志的身分。其實，她曾經被經紀公司告誡：「還想在這一行混的話，就管好妳的嘴巴。」所以，一開始她也是公司說什麼就是什麼，不過每接受一次採訪，她就得說一次謊。久而久之，就產生了罪惡感。

但另一方面，只要她在新宿二丁目遇到那些因為無法出櫃而苦惱的姊妹時，卻依然經常鼓勵她們：「與其在這裡想破頭，倒不如置之死地而後生，將一切攤開來，說不定還有什麼轉機！」如此前後不一的態度，也讓她對此日漸感到疲乏。

有了上述的心路歷程，她才終於下定決心，說服公司同意她公開出櫃。當時她是跟老闆這麼交心的：「演藝圈是我這輩子唯一的夢想，所以才想走出自己的風格。老實說，我很清楚，一旦出櫃了，極有可能就此斷送演藝生涯。不過，即便如此，我也不會放棄的。我可以提企劃案或者當製作人，只要跟演藝圈沾得上邊的，我都會努力爭取。老董，如果我還承蒙您看得起的話，我最需要的就是您的理解與支持。」

一之瀨的熱情感動了老闆。

沒多久《FLASH》便給了她一個專訪，並以一之瀨與女性裸露纏綿的特寫鏡頭，搭配「現任數學老師、寫真明星出櫃」的聳動標題，來個感性告白：

我衷心渴望這世界，至少能有一個像我這樣的性少數都能自由生存的樂土。

——《FLASH》，二〇〇九年，四月二十一日號

該期上市後，不論周遭人有多擔心，她都告訴大家一切都好。她在《女性同婚：我和她的紅毯祕辛》一書中，曾經如此描述當時心境。

出櫃是一個全新的開始。一旦放膽去做，竟比想像中更讓人興奮雀躍，並且充滿勇氣。

儘管她的感情之路並不順遂，演藝事業卻也未曾中斷過。相反的，出櫃反而拓展了她的工作機會。例如：舉辦俱樂部活動，與不同性傾向的人進行交流；或者跑遍日本各地，擔任ＬＧＢＴ活動的訪談嘉賓等。

直到這個時候，她的生活才總算步上軌道。

日本藝能界首例女性同婚

其實，她與另一半是偶然認識的。

二〇一二年底的某一天，她獨自在新宿二丁目喝酒的時候，在朋友的介紹下，認識舞者杉森茜。根據杉森本人的說法，她是偏向女同志的雙性戀。

幾天過後，一之瀨收到杉森寄來的表演邀請函。於是，她便去杉森表演的小酒館捧場。就在你來我往之中，彼此相互吸引，並且試著交往，然後開始同居生活。

因為個性互補，也讓她們更加尊重彼此。例如杉森，不論是歌唱或舞蹈總是努力苦學，同時腳踏實地的向前邁進。而一之瀨則擅長訂定長期計畫與確實執行，縱使發生變化也從不動搖。

她們在彼此身上看到各自的優點，不知不覺中滋長了愛苗。

某一天，杉森不經意的一句：「好想跟小一有個家喔。」而且還說：「我真想讓全世界都知道妳就是我的。」

當時，一之瀨隸屬於創意經紀（Creative Agency，後來的吉本興業），在她報備以後，公司同意她「對外公布」。於是，杉森便立刻和家人全盤托出，還在臉書上跟粉絲分享這個好消息。

一之瀨與杉森自此公開戀情，並且以結婚為前提交往。

杉森其實不喜歡那些多餘且虛有其表的儀式，所以對於舉辦婚禮並不是那麼熱衷，可是一之瀨卻希望兩個人都能披上白紗，一起走上紅毯。

些微的分歧與爭執，雖然讓兩人陷入冷戰，卻也讓杉森因此回心轉意。

後來，她有意無意的暗示：「都在一起這麼久了，也該找個婚戒把妳套牢了。」也就是說，杉森答應用婚禮來見證兩人的愛情。

於是，兩人便各自在個人的ＳＮＳ上發表結婚的消息。由於吉本興業早就料到消息一旦發布，難免引起各路媒體的追殺，所以乾脆在東京總公司舉辦記者招待會，統一對外說明。只不過國內外的迴響遠遠超過他們的預期。

當時，一之瀨心中有一個使命。

日本國內對於同性伴侶，或者像我們這樣渴望共組家庭的同志不僅一無所知，甚至有所曲解。因此，我心中便有一股使命感——既然我與她都是公眾人物，是不是應該跳出檯面，為那些渴望廝守一生的同志發聲呢？

——《女性同婚：我與她的紅毯祕辛》，一之瀨文香幾經周折後，二〇一五年的四月十九日。

一之瀨與杉森終於在新宿某家禮堂舉行婚禮。當天，兩人一身白色婚紗，在八十幾位親朋好友與同事的祝福下，體會前所未有的幸福。

幾天後，她們去區公所辦理結婚登記，沒想到竟被承辦人員一口回絕了：「因為女人跟女人是不能登記結婚的。」區公所給的理由如下：

同性婚姻並不在法律規定範圍內，因為欠缺法源依據，故此不予受理。

事實上，二〇一四年，青森市（按：日本本州島北部青森縣的縣廳所在地）曾經就某對女同志的結婚登記，以牴觸憲法第二十四條第一項為由，拒絕受理。那麼「憲法第二十四條」到底寫些什麼？

【第二十四條　家庭關係中的個人尊嚴與兩性平等】

(1) 婚姻只能基於兩性的合意而成立，夫妻必須在享有同等的權利的基礎下，互相協力、維持。

(2)舉凡配偶之選擇、財產權、繼承、住家之所在、離婚暨婚姻等家庭之相關事項，法律均應兼顧個人尊嚴與兩性本質之平等訂定之。

嗯，問題來了，就是所謂的「兩性合意」。

儘管憲法派的學者群情激憤且大聲撻伐：「用憲法第二十四條來駁回，什麼跟什麼啊！」可惜的是，事實擺在眼前，政府或法務部就是給了「違憲」這麼一頂大帽子；並堅持民法或戶籍法對於夫婦的定義，指的就是男夫、女婦的婚配，所以同婚毫無法律根據。因此，所有同性伴侶的結婚登記，一概不予受理（按：臺灣已於二〇一九年五月十七日，三讀通過《司法院釋字第七四八號解釋施行法》，賦予同志伴侶得以結婚的法律依據）。

此外，大眾也注意到，不管就稅制或日常生活而言，凡是符合法律規定的婚姻，皆能享有各種減稅優惠。換句話說，同婚雖然不為法律所認可，卻也喚起社會大眾的關注。就結果論來說，也算是有意義的。

一之瀨與杉森的婚姻雖然不具法律效力，但兩人仍宛如夫妻般展開新的人生。隔年的二〇一六年二月，一之瀨發表《女性同婚：我與她的紅毯祕辛》的自傳，公開自己的成長過程，與感情生活的點點滴滴。

原先，她與杉森還怕承受不住社會的輿論壓力，沒想到除了親朋好友與粉絲以外，在其他一般朋友，甚且陌生人的祝福下，她們的愛情更加堅定不移。

於是，公主與公主也有了幸福人生。

*

如果愛情能夠像童話故事般畫下完美結局，那該是多麼圓滿的一個結局。

可惜的是，現實往往是殘酷的，而人生總得繼續走下去——儘管她們的婚禮曾經感動許多人，但兩年後，仍因相處磨合問題而走上離婚一途。

愛情失意，但我開了一家忍者同志酒吧

「關於書中提到我與杉森的點點滴滴，我敢保證全部屬實，絕無半分造假。或許有人會想，藝人都是找人代筆的，誰有那個閒工夫？不過，這本書還真的是我親自一筆一字寫下來的。儘管我們已經分道揚鑣，但我在出席LGBT活動的時候，還是常常拿來引用。因為這是不變的事實。不過，老實說，在出這本書的時候，我們之間就有一些問題了。」

一之瀨靜靜的回憶起，婚後與籌備出版的那段期間。

「我們結婚是在二〇一五年四月，出版則是在二〇一六年二月，最後於二〇一七年五月協議分手。二〇一七年五月十二日，兩人各自在自己的部落格上發布離婚宣言。」

離婚啟事

很抱歉突然通知大家，平添各界無端困擾，謹此致上十二萬分歉意。眾所周知，我與杉森茜於二〇一五年四月十九日共結連理，但礙於種種因素與促膝長談後，我們已完成離婚手續。

請容我藉此向所有的全力支持與鼓勵我們的好朋友，至上最深忱的謝意。

除此之外，也為我透過部落格草率公布一事，聊表歉意。

我們分手既未涉及特殊理由，也無關誰是誰非。

或許就是緣分到了盡頭吧！遺憾的是，我與她已然不若當初那般，相依與共。

——摘自一之瀨文香官網

同一天，杉森也在個人官方部落格的「小茜之休息室日記」中，發表離婚宣言。

（前文省略）

首先，我非常感謝一之瀨的照顧，讓我遇見另一個全新的自己，

但幾年相處下來，我們之間的裂痕卻越來越大，
愛情裡，一旦有了裂痕，就難以彌補與修復，
這是我們必須共同面對的問題。
然而，一旦失去了信賴，愛就再也回不到最初。

——摘自部分原文

從幸福到分手的這段日子，甚至有媒體落井下石的報導：「就是一之瀨出了那本書，才成為離婚的導火線。」但對於兩人之間，一之瀨並不想多加解釋。

「雖然有部分報導說，這本書是我們離婚的導火線。老實說，出書前我們之間就有一些摩擦。這本書還在校稿階段時，我本來想讓杉森過目一下，不過，由於我考量到工作上的事情，還是直接對應公司比較好，所以就跳過她，透過編輯直接將原稿送到她的經紀公司。沒想到他們的老闆竟然連看也不看，便爽快答應：『我沒意見，你們怎麼說就怎麼辦吧！』所以，一直到書籍快要上市的時候，我才知道杉森根本不知道有這麼一回事。老實說，她也不是對內容有什麼意見，而是在意自己是最後一個才

知道的人。」

一之瀨接著說：「我在寫這本書的時候，忙得一塌糊塗。當時，我有一隻養了十五年多的貓咪，沒想到這個時候也生病了。結果，我結完婚沒多久，貓咪就死了。牠病得最嚴重的時候，我還趁工作空檔帶牠去醫院打點滴。當時，我滿腦子都是貓咪生病的事情，所以即使我跟杉森之間有什麼問題，我也沒有那個心思坐下來跟她好好談一談，或者陪陪她。唉，其實我們之間也沒有什麼大問題，就是一些芝麻綠豆的小事。不過，就是日積月累吧……。」

這段時期對於一之瀨來說，等於是同時失去了愛貓與愛情。

不過，早在她和杉森漸行漸遠以前，一之瀨就緊鑼密鼓的，展開要在新宿二丁目開店的籌備工作。

「雖然只有週六才開店，不過這間店前前後後也經營了四年。我的夢想就是在二丁目開一家自己的店，所以拚命存錢。剛好那個時候有個一樓的店面在招租，所以我二話不說就租了下來，然後開始裝修。」

當然，人生的第一次除了新宿二丁目，還是新宿二丁目。

「我是十九歲來這裡的，沒想到一來就走不開。因為常在這裡喝幾杯，所以當時就有了在二丁目開店的念頭，我也非常有自信，沒有人比我更了解客人。最重要的是，工作的空檔，我還有一個地方可以免費晃悠。」她隨即揶揄一笑：「你說說看，去那兒找性價比這麼高的店家。」

一之瀨的酒吧不打女同志牌，反而是以混合型酒吧，吸引各種性傾向的客人。除此之外，她還特意將這家店打造成忍者風格。

「我開這家店的時候，早就鎖定合作夥伴。這個人不僅是忍者的後代，還是一位第三性公關（按：Third gender，指屬於男女兩性以外的社會群體）。當時，我是跟她拜師學藝，學一些拳腳功夫，但因為我對這方面也蠻感興趣的，所以想也不想的，就決定打造一家獨一無二的忍者酒吧。」

接下來就是酒吧的店名。一之瀨當時想：「最好是三個字，聽起來才會鏗鏘有力。」後來她又想起忍者的各種說法中，好像有「Kamari」（探子）這麼一說。

「聽說過去的關東（指日本本州東部偏東地區）習慣將忍者稱為『Kamari』。其實我對於算命並不感興趣，不過我師傅倒是有頗有研究。她說，就筆畫來看『香茉莉』比『Kamari』好多了（按：兩者為同音異字）。我上網搜尋了一下，發現也沒跟其他酒吧重疊，所以就這麼定下來了。」

一之瀨的感情生活雖然歷經了失婚的波折起伏，不過她在新宿二丁目開了一家酒吧，終於又重新找回人生的重心。

這段時間她像個陀螺似的，從早到晚忙個不停。

新的使命：打造一個讓同志自在做自己的地方

一之瀨在十九歲那年踏入新宿二丁目。時光匆匆，轉眼都二十年了。

在這段說長不短的歲月中，時代從二十世紀進入二十一世紀，日本的年號也從平成改為令和。但對於一之瀨而言，新宿二丁目又是如何的物換星移？

「當網路變得稀鬆平常以後，不少人都是因為上網，而來新宿二丁目瞧一瞧的。

事實上，這裡的店家也開始透過網路來積極宣傳。於是，二丁目成了一個可以暢所欲言，或者喝個小酒、放鬆一下的好去處。不過，隨著競爭越來越激烈，我認為店家想要生存下去，就必須做出市場區隔。」

如同《Badi》前總編輯 HIRO 所說的，網路的發達雖然讓新宿二丁目不再是人們期待邂逅的地方。但反過來說，門檻的降低，卻也讓更多人願意來這裡小酌一杯，輕鬆一下。或許這也是拜網際網路的普及與發達所賜，才讓同志的資訊流通更加透明。

或者是長谷川所說的：「新宿二丁目已失去原有的特色。」然而，也正因為如此，反而讓這裡多了一股清新健康的氣息。

換句話說，門檻的降低，加上街區的改變，吸引從未到訪的新客前來一探究竟；但同時也讓過去熱愛這片土地的舊客黯然離去。

為了配合大環境的轉變，一之瀨特意將酒吧設計成混合型酒吧，好讓各種性傾向的客人都能自由交流。

「我這家店各路人馬都有。連客人跟員工都誇說：『沒看過哪家酒吧包容性這麼強，什麼樣的客人都願意來。』不過就比例來說，還是女同志、雙性戀的女客人或者男扮女裝的客人多一些。我本來就有不少男性朋友偏好女裝，他們還組了一個叫作新宿偽娘（按：指有女性化性別表現的男性）的工會。」

接著，一之瀨拿出一本小冊子。

只見標題寫著「呼朋引伴逛逛去！新宿女裝子專區全攻略」。翻開內頁，滿滿都是新宿二丁目與黃金街[25]一帶，跨性別者或變裝者常去的服飾專賣店。順帶一提，「女裝子」（Jyosoko）是日本同志圈的術語，也就是所謂的「偽娘」。

「冊子介紹的店鋪約有二十五家，大多是偽娘愛去的服飾店。因為我們酒吧也歡迎扮女裝的男客人，所以這個工會就拉我們參一腳。」然後又笑著說：「我們店雖然沒有自己的網頁，沒想到卻因此搭上順風車，賺到免費宣傳的機會。」

在新宿二丁目待的時日越久，一之瀨的心中又興起另一個新使命。

25 餐飲街、日本文化人的聚集地，也是東京的文化藝術發信地之一。

「在這裡生根發展以後，我就常想：『自己能為這個地方做些什麼？』當下的第一個念頭就是：『先跟其他店打好關係吧。』所以，逢週年派對，來店裡捧過場的；或者平常很照顧我們的同業，我都會準備一些薄禮聊表心意，或者親自登門道謝。除此之外，我覺得偶爾去其他酒吧喝上一杯也挺不錯的。這樣既能光顧同業的生意，還能趁機小酌幾杯。最重要的是，讓香茉莉在新宿二丁目站穩腳步。」

話說回來，雖然新宿二丁目已不再是同志眼中的獵豔場所。不過，一之瀨卻以為只要有心，其實二丁目到處是春天。

「老實說，我也知道現在想找個對象，大家都是利用配對通訊軟體之類的。不過，我依然相信，只有親自去酒吧晃晃，或者參加一些私人趴，才能夠找到自己的真命天子或天女。」

於是，她便透過日本知名的彈幕網站 Niconico[26]，推出自己與二丁目的夥伴們的系列報導。

「這個影片是我的點子。我當時就是想，反正自己沒事就在二丁目打混，對這裡不僅熟門熟路，而且人面也廣，為什麼不開個頻道找大家來聊一聊？如此一來，除了可以提高新宿二丁目的知名度，也能讓社會大眾對不同性傾向的人有些許理解。所以，我才想出這個方式，讓大家暢所欲言。」

對於一之瀨來說，新宿二丁目是她休戚與共、不離不棄的心之所向。

「我就是喜歡這裡，這輩子也沒打算離開了。」

在香茉莉展開的全新人生、各種不同性傾向的客人——一之瀨將與新宿二丁目共同生存下去。

事實上，她已做好這樣的覺悟。

26 與 YouTube 等影片共享網站相似，但 Niconico 動畫提供觀賞者可在影片上留言、並以彈幕的形式出現在影片上的功能。

Episode 4

陰暗面與光明面的自相矛盾

「無論付出多少代價都願意上手術檯的心情，我也能理解，」只見他壓低聲音，淡淡的說：「其實，我最擔心的，就是這些孩子像飛蛾撲火似的，奮不顧身。」

小近媽　白坊經營者

攝影／菊地英二

時序拉到二〇一八年（平成三十年），八月二十六日。日本富士電視臺長青節目《社會大寫實》[27]（The Nonfiction），當天以「二丁目的哀與愁」為主題，邀請到綜藝界大哥大阿博擔任旁白。這集的舞臺背景，來到新宿一家老字號變性人酒吧——白坊。雖然不管是上節目或是該店官網，都是打著「新宿二丁目」的名號，但確切來說，這家店位於五丁目，距離鼎鼎大名的二丁目還隔條靖國路。

白坊自一九六八年（昭和四十三年）開張以來，經營了大半個世紀。這家店雖然發跡於新宿二丁目，但後來礙於大環境的關係，只好搬到隔壁的五丁目。一天兩場的變性人表演秀是這家店的招牌，分別在晚上十點與十二點華麗登場。在不到三張榻榻米的舞臺上，表演者以接力方式賣力演出。每換一首歌曲，表演內容與燈光也隨之變換，時而華麗妖豔，時而滑稽逗趣，讓觀眾看得目不轉睛。

臺上的激情演出與性感的扭腰擺臀，更是讓現場的氣氛嗨到最高點。

這個時候，只見臺下一位「女性」默默盯著臺上，熱烈的拍手鼓掌。

她就是大家口中的「小近媽」，本名近藤民男。

同志圈的傳奇人物小近媽，在半個世紀以前獨自開了這家店，一個人也做得風生水起。年過古稀的小近媽都七十幾歲了，歲月卻沒有在她臉上留下痕跡，外表看起來仍然是神采奕奕。

從小在大阪長大的她，這一路走來，可說是見證了新宿二丁目的歷史。

接下來，讓我們回顧小近媽的半生。

*

「我是大阪人，一九四七年十一月十五日生的，也就是昭和二十二年。我出生

27 以親子、家族等人際關係題材為主題的紀錄片節目。

於單親家庭，從小就跟母親住在堺市[28]。那個時候，大家還不了解同志，更別說LGBT了，也不像現在這樣流行出櫃。不過，我母親應該是注意到了。」只見她靦腆一笑：「欸，因為我從小就是娘娘腔。」

我們在小近媽位於東京中野區、陳設優雅的家中進行訪談。小近媽是如此的戰功彪炳，不僅在新宿這個激戰區，打拚了大半個世紀，還闖出一片天。不過，面對我這個陌生人，卻絲毫不擺架子，整個訪談中反而是笑容可掬、彬彬有禮，讓我印象非常深刻。

「我的初戀對象是一位很普通的小女生。我之所以喜歡她，並不是因為對她有性慾，單純就只是覺得她長得很可愛或蠻漂亮的。

「要說到怦然心動的話，我真正的初戀應該是在國中吧？我還記得國一的時候，鄰居的小哥有時會騎腳踏車載我，有一次，他突然往後摸了我一下。一開始我還想：「蛤？什麼意思？」我當下雖然嚇了一跳，卻沒有被冒犯的感覺，但這也是我頭一次意識到：『說不定這才真正的自己。』」

升上國二以後，她更加確定自己的性傾向。

「大概是國二或國三吧，我喜歡上學校的男老師。雖然他不是我的班導，但我真的很喜歡他，還去他家裡找過他呢！當時，我們學校在大阪，那位男老師住在京都，所以距離有一點遠，但我仍然鼓起勇氣，跑去京都跟他告白。

「沒想到出來開門的不是本人，而是老師的媽媽。我問了以後，才知道原來老師住在大阪十三車站附近。當時，我真的是勇氣可嘉，竟立刻頭也不回的直奔大阪。可惜人算不如天算，我一路折騰好不容易到了以後，才發現他和男人同居。」

回憶起這段青澀過往，她不禁笑出聲：「我當時真的是嚇呆了，萬萬沒想到我的心上人竟然也是個同志。」

年少時期的小近媽因為家庭因素，從小就肩負起分擔家計的責任，一邊半工半讀，因此她總是從早忙到晚。

---

28 大阪府的第二大都市，位於關西機場與大阪市中心之間。

從清貧少年，做到江湖媽媽桑

「我從小看著媽媽為了這個家到處奔波。當時，我只有一個心願，就是賺很多很多錢，讓她早點享清福。所以，很早就半工半讀了。早上八點到下午三點，在每日報社幫忙；接著去咖啡店打工，五點之後，趕去夜校上課。下課以後，晚上九點再去大阪堂山町的同志酒吧兼差……幸好當時還年輕、也不用怎麼睡，要不然，這種鐵人般的生活，我怎麼有辦法熬了三年半？」

十九歲的時候，她為了實現夢想，於是從大阪到東京打拚。

「其實，我之所以決定在東京發展，除了是想多賺一點錢以外，也是因為紙包不住火，我再也裝不下去。反正我對女孩子就是不感興趣，眼神沒事就往男孩子身上飄。再加上，剛好有朋友在新宿的黃金街打工，所以我就決定去東京闖蕩！」

大阪的堂山町就像是東京的新宿二丁目，也是遠近知名的同志村。

十八歲的時候，也就是一九六六年。小近媽為了找在大阪打工時認識的朋友，一個人隻身前往東京。當時，正值日本的高度經濟成長期。

剛開始，小近媽借住在朋友家，然後一邊在黃金街的同志酒吧打工。半年左右，她便跳槽到新宿三丁目的酒吧。

「現在只要提起同志酒吧，大家就會想到新宿二丁目。不過當時的大本營可是三丁目，也就是現在新宿末廣亭（傳統曲藝的小劇場）。那裡可有不少家老字號酒吧，例如 Lautrec 或 Scirè 什麼的。我記得那個時候，黃金街最多也不過六家、二丁目八家，可是三丁目卻有十幾家。更不用說，二丁目的酒吧全是一些不起眼的小酒吧。」

小近媽堪稱是一名說話高手。一步一步的導引話題，讓聽者彷彿身歷其境般，不知不覺就聽得入迷。

來東京打拚沒多久，小近媽就有了自己的酒吧。

當時她才二十歲。這家店除了一張壁畫以外，內部裝潢全以白色為基調，因而取名為白坊。

讓女性客人變老主顧的變裝舞臺秀

「我當時因為年紀輕，有不少老主顧都願意提供開店資金。不過，我認為做生意最好不要涉及感情，以免日後在金錢上有瓜葛。所以，乖乖去辦了借貸，一切照規矩來，我還發誓只要賺錢就加倍奉還。於是，我在二丁目開了這家白坊。跟三丁目比起來，這裡的租金便宜多了……而且，街頭巷尾仍保有《賣春防止法》上路以前的特有氛圍，我就覺得這裡其實蠻適合開酒吧的。」

《賣春防止法》——簡稱《賣防法》，是實施於一九五七年四月一日，旨在防止性交易的法規。

在這條法規上路以後，隔年一九五八年，被視為「赤線區」（按：紅線區，亦即默許賣春的區域）的公娼制度正式走入歷史。同時，新宿二丁目也正式告別賣春街的歲月。

白坊是一九六八年開的，當時的《賣防法》都上路十幾年了。不過，她說：「儘管如此，還是有人靠此維生。」

「二丁目除了租金便宜以外，也有不少遊走於公娼或私娼，位於青線區的小酒館（按：青線區為未取得營業許可的風俗店家）。整個地方仍然保有過去的氛圍。所以，我想也不想就決定在這裡開店。

「三丁目因為有末廣亭的進駐，整個街道看起來明亮乾淨多了。但，入夜後的二丁目卻仍暗藏春色，常有女人在昏暗的街燈下當街攬客。不過，那個時候還年輕嘛，所以這種特殊行業反倒讓我覺得很有趣。而且，說不定兩三下就讓我回本了！」

她笑了一笑，接著說：「我年輕時很有做生意的頭腦吧？不過，現在年紀大了，也沒那麼多天馬行空的鬼點子了。」

在老主顧的支持下，小近媽終於自立門戶。白坊開張沒多久，就天天座無虛席，門庭若市。

「我前前後後才花了五年，就將當初借的錢全部還清。而且，店裡的生意還蒸蒸日上。托大家的福，二十五歲，我便放手請人打理，然後在二丁目與五丁目陸陸續續開了五家酒吧。除此之外，還在中野車站前開了一家日本料理店跟麻將店。我當時雖然年輕，做的生意可不少。」

如同小近媽所回顧的，白坊剛開張的時候，二丁目的同志酒吧也不過就七、八家。然而，一九七〇年代以後卻是風水輪流轉，情勢截然不同。

「我記得這家店開張沒幾年，大概是一九七〇年（昭和四十五年）左右。白坊打出名號以後，其他業者也紛紛跟進，使得二丁目的同志酒吧越來越多。不過，說句實話，我們店受歡迎程度還真不是蓋的。即使不是週末假日，也總是擠得水洩不通，動不動就是上百多位客人。

「或許是我的社交能力太強了吧，一見到朋友就會說：『算你半價，一定要來捧場喔！』同時，還會附加一句：『記得多帶點人來喔！』其實，我們這一行靠的就是口耳相傳。』

接著，小近媽撐開大拇指與食指，笑著說：「哎呀，你都不知道光是帳單，每天都有這麼一大疊呢！」

白坊的門庭若市，讓其他業者也紛紛進駐租金相對便宜的二丁目。於是，便形成現在眾所周知的同志村。與此同時，風光一時的三丁目卻逐漸衰退。於是，二丁目與三丁目才演變成現今此消彼長的局面。

「我們店之所以這麼受歡迎，應該是我手下的男孩子都長得很可愛，而我也很會凸顯他們的魅力。」

她笑著說：「這是當然啦，顏值是一定要有的。所以，只要有客人來，我就會跟客人說：『我們家酒吧全都是可口的小帥哥呢！』如此打造出好口碑。雖然過沒多久，就有競爭對手想來這裡分一杯羹。不過，誰家的生意都沒我們店裡來得好。」小近媽熱切的回憶起過往。

「老實說，像我們這種靠夜生活吃飯的，很難維持客人的熱度。」她笑著說：「加上同志本來就沒有定性，只要發現新的目標或者有趣的地方，很快就會轉移陣地。二丁目真的不好混，可是我還挺驕傲的，因為我至少在這裡打滾了五十年。」

小近媽雖然一副雲淡風輕，但語氣中卻隱約流露出身為經營者的自負。

其實，一開始白坊並非以舞臺秀型態來經營。

「這家店在剛開始的四、五年，也就是一般的同志酒吧。後來，店裡的男孩子為了炒熱氣氛，偶爾會跳一些舞。不過，一開始也就只是配合流行歌曲扭動身體，或者抱著柱子擺性感 POSE。」說完以後，連她自己都忍不住笑了出來。「算是餘興表演吧……只是沒想到還挺受歡迎的，後來才發展成現在的舞臺秀。」

小近媽還說，白坊原先也是「女客止步」的。只不過後來跟進其他酒吧的會員制，才開始也接受「非同志」的一般客人。

沒想到這個策略吸引到不少一般的女性客人，其中很多還是陪同男性友人來玩的。為了配合客人的口味，才漸漸有了舞臺秀的雛型。

舞臺秀做出口碑以後，不論是銀座高級俱樂部，或是新宿歌舞伎町從事特種行業的小姐，都紛紛拉朋友來捧場。

「我們店裡的男孩子都長得很可愛，但在這些女性客人眼中，他們既不是同性，也不是異性，所以相處起來特別愉快、沒有壓力。因此，儘管我們是同志酒吧，女性客人也漸漸多了起來。我想，對於這些平常就得招呼客人的女孩子來說，這裡是她們唯一可以放鬆的好地方吧！因為不論是衣著服飾、化妝打扮，甚至是戀愛的話題，我們都會陪客人聊天。」

女性常客加入以後，舞者跟客人的關係也親近不少。

「有些女客人還會送我們化妝品，因此我們也開始畫起妝來；有了這個共同話題，我們也就更能堂堂正正的化妝。舞臺秀的內容就是如此轉型成功的吧！」

客人送的化妝品讓舞者的妝容更加精緻以外，同時也提高了舞臺秀的質感、華麗感與時髦感。而這種相得益彰的結果，完全來自於客人與酒吧的良性互動。

一開始，白坊是從熱門歌曲中挑選曲目。例如，天地真理[29]的《夏日戀情》，或者偶像女歌手麻丘惠美的《左撇子男友》。只要變更一下歌詞，再設計一些應景的舞步即可。

29 本名齊藤真理，是一九七〇年代前半期的日本偶像歌手代表之一。

就這樣，舞臺服飾越來越華麗，妝容也越來越精緻，後來還聘請老師來編舞。最後，終於演變成正式的舞臺秀，也就是白坊現在的金字招牌。

「以前我們是晚上十點開門，營業到凌晨五點，一天有三場秀，分別是晚上的十二點、凌晨兩點與四點。

「不過，當一九八四年《風營法》（按：亦即色情行業管理辦法）大幅修訂以後，我們就只能營業到晚上十二點了。

「在還沒有《風營法》以前，客人會想：『反正趕不上末班車了，就去二丁目消磨一下時間吧！』但修法以後，大家反而想：『不走不行了，不然就沒電車坐了。』對我們這種夜間營業的店家來說，影響還蠻大的。」

這家店走過半個世紀，看盡日本社會的起起伏伏。不論是二丁目因為愛滋病而人心惶惶的一九八〇年代初期到中期；日本的年號從昭和改為平成，泡沫經濟席捲全球的那段日子；或是史無前例，經濟沒落的一九九〇年代（按：日本房地產和股市泡沫破裂後，造成本高度工業化的經濟日益空洞），白坊始終屹立不搖。

「當愛滋病的話題在社會上發酵時，大家都覺得愛滋病和同志畫上等號。不過，新宿二丁目的店家卻是接受事實，並且想辦法因應。例如，在吧臺上放些保險套之類的。我們比任何人都來得積極與努力。其實，同志圈的人都懂得規矩，這就是所謂的江湖道義吧！」

最近，小近媽還在 YouTube 開設官方頻道「白坊 OYOYOTV」，嘗試透過不一樣的管道，展現舞者們真性情的一面。

若不隨時求新求變的話，是無法在時代的洪流中生存下去的。

以前的舞者不流行接受變性手術，所以他們沒有豐滿的胸部，該有的也都還在。不過，隨著時代的不同，有人將胸部做得波濤洶湧，也有人動刀割掉命根子。整型手術的進步，讓一些舞者的外表變得更像女人。於是，舞臺秀也逐漸從喜劇轉型成妖豔性感的路線。

白坊總是與日俱進，發揮創意，並適時調整其經營型態。此外，再加上員工的努力與用心，才能在如此嚴峻的競爭中，歷經半個世紀仍然屹立不搖。

老店金字招牌背後的心血與堅持

本篇故事開頭提到的《社會大寫實》，曾經以「二丁目的哀與愁」為題，做過一集報導。該集除了小近媽的訪談以外，還訪問到當時負責編舞的舞蹈老師安河內優子。

在節目播出當下已六十五歲的安河內，在年輕時可是日劇舞蹈團的一員，見證了舞臺秀文化的興起。從結識到加入白坊，安河內與小近媽有三十年的交情。

白坊秀的劇本每三個月就會更新一次。這家店自開張以來，已累積超過兩百多部劇本。

但由於上臺表演的成員幾乎都沒有舞蹈經驗，所以安河內只能根據每個人的舞蹈天分進行個別指導。接著，再根據成員組合，設計合適的表演內容。最後，與小近媽再三推敲，讓劇本的水準精益求精。

換句話說，這家店的舞臺秀之所以能夠維持一定的水準，完全歸功於小近媽與安河內的合作無間。在白坊官網上，設有「新宿二丁目觀光指南」的專欄。從其中的一篇——「聽聽小近媽怎麼說——白坊秀的魅力」（二〇一九年二月八日），不難看出她對這塊金字招牌的堅持與執著。

為了怕舞臺秀變不出新把戲，我總是與編舞老師絞盡腦汁。為了創新求變、不讓舞者定型，我還特地請了兩位老師輪番指導。我總覺得一看到這些孩子，動不動就想：「嗯，小咪這方面還不錯，讓他朝這個方向發展吧！」或者「欸，這個對阿寬可能有點難，換個角色吧！」之類的，會不會反而扼殺掉他們的潛力？有時讓他們嘗試一下不擅長的，或許也是一種自我挑戰的機會。

我還喜歡將自己當成客人，以觀眾的角度來欣賞每一場表演。而且，只要一有問題，我也會直接提出意見，例如：「嗯，這個地方挺無聊的。」或者「我覺得換個表演方式比較好！」什麼的。

不過，每部劇本也都是編舞老師的心血，哪能由我說改就改。但儘管如此，我還是會想盡辦法說服：「我指的不是這裡啦！」或者「不是吧，老師真的覺得客人會想看這個？」

只要是達不到我的標準的，絕對不馬虎過關。

再說，最後往往也都是我說了算。

雖然有時候老師也會反駁：「確定？真的要這樣改？不奇怪嗎？」

不過呢，我就是一句話：「沒錯，就是這樣，照我說的做吧！」

小近媽語重心長的表示——為了這塊金字招牌，大家真的是卯足全勁。

為了追求舞臺秀的盡善盡美，小近媽更是不停的充實自我。

「電視節目跟 YouTube 就不用說了。為了刺激靈感，連芭蕾舞、歌劇、歌舞伎或戲劇表演什麼的，我也是來者不拒。甚至大老遠的跑到國外採買舞臺服飾，就只為了提高自己對流行的敏感度。對我來說，這些藝文活動夠不夠水準根本無關緊要，重要的是，用自己的感官去接觸與感受。」

除此之外，負責燈光與音響的工作人員，也是全力配合小近媽或安河內的要求，日以繼夜的彩排。

服裝設計師則是要讓舞者翩翩起舞，又不能礙手礙腳。所以，只能一塊塊的裁剪縫補，力求完美。

小近媽與其他工作人員的熱情，也讓上臺表演的舞者更賣力演出。

舞臺秀每三個月變更一次劇本，練舞便成為舞者每天必做的功課。甚至有些人只是為了上臺表演，才來這裡打工的。

總而言之，白坊秀對於上上下下的員工而言，是一股無法言喻的驕傲。

對於小近媽來說，舞臺秀則是為客人加油打氣。

——白坊秀，對您有什麼特殊意義嗎？

在我提問之後，沒想到小近媽的回答竟是如此正向，完全不像出自一位七十幾歲的老人之口。

「沒什麼啊，就是讓大家盡興而歸。對我來說，開店的目的就是讓客人高高興興的回去。老實說，誰吃飽沒事會來酒吧買醉？有些人是為了紓解壓力，才來這裡喝幾杯，看看表演；也有些人可能是感情受傷了，才來這裡療傷。無論如何，我都希望他們在離開的時候，心裡想的是：『嗯，今天真的是來對了！』、『今晚的表演真精彩，心情好多了！』或者『打起精神，明天繼續加油！』這就是我唯一的願望。」

白坊秀，一如既往的華麗上演。

變性手術有風險，但年輕人再痛也能忍

說到變性手術，小近媽其實是持反對意見的。她甚至跟員工放過狠話：「誰敢去醫院動刀，就給我走人。」直白的說，小近媽可以接受同志，唯獨變性人不行。

在深入這個問題以前，讓我們先弄清楚同志、同性戀、娘炮與變性人的區別。沒想到這些讓我有聽沒有懂的術語，小近媽解釋起來，倒還蠻簡單的：

「以前呢，像我們這種的都是被叫娘炮。ＬＧＢＴ運動興起以後，因為同性戀帶有歧視的意思，所以我們又變成大家口中的同志。後來，受到媒體的影響，大家又變

性人、變性人的亂叫一通。其實，變性人指的是透過變性手術，讓自己外表看起來像個女人的男同志。說到變性人，最近好像還挺流行的。因為我們店裡就有不少。」

小近媽還說，打從她到東京以後，自己的身分就一變再變。

「我剛來東京時，因為長得斯文秀氣，經常被叫娘炮，還好我早就有心理準備，所以也沒怎麼放在心上……啊！不對，我記得那時是先被叫娘娘腔，例如綜藝圈的美輪明宏或者彼得，就是當時的代表性人物。不知怎麼的，後來才變成娘炮。現在大家又改口叫我們同志。欸，我們還是我們，可這說法倒是改了又改呢！」

接下來，讓我們回歸正傳。

我問：「為什麼去醫院動刀，就得走人？」

小近媽這麼解釋：「你們這些普通人可能無法想像。變性手術雖然就是挨了幾刀，但還是會導致荷爾蒙失調。老實說，我也不贊成在胸部裝個矽膠或果凍什麼的，不過那也就是隆個乳而已。

「可是，把蛋蛋或命根子拿掉就完全不是那麼一回事了，而是一定會對身體造成影響。然後，就會像到了更年期的女人一樣，莫名的煩躁焦慮。嚴重一點的話，還可能整天唉聲嘆氣，甚至想不開的都大有人在……。」

說完以後，她臉上的表情突然黯淡起來，再也不願多說。因為半個世紀以來，她不知道經歷了多少生離死別，親眼看著手底下的孩子因此而失去性命。

「其實，人只要上了年紀，任誰都會生病，或者就這麼撒手人寰。不過，好不容易生而為人，總不能白白浪費，是吧？欸，我也不知怎麼搞的，最近這種想法越來越強烈……。」

這就是小近媽的回答。因為她再也無法忍受身旁的人，因為變性手術而搞壞身體，甚至了結自己的生命。

雖然她也說：「同樣身為男同志，無論付出多少代價都願意上手術檯的心情，我也能理解。」不過，她更清楚的是，變性手術帶來的傷害有多大。

「將心比心，挨上幾刀就能變成女兒身的渴望，我也經歷過。只不過，變性要付出的代價實在太大了。你想想，大家每天都混在一起。突然有人變得不愛說話、情緒不佳；或者莫名其妙的亢奮。

「例如，明明熱得要死，卻直喊：『好冷，冷死了。』然後把空調給關了。那就是因為荷爾蒙失調，沒有辦法調節體溫。相反的，也有人會覺得好熱、怎麼這麼熱……。」

她一臉黯然，繼續說道：「同樣是手術，隆了胸還有辦法消下去。所以，我總認為，在臉上或胸部動一點手腳也沒什麼大不了。不過，命根子一旦喀嚓以後，就沒得救了……。

「性別認同障礙者與生俱來的痛苦，以及莫名其妙有個小雞雞的困擾，我比誰都能感同身受。但即便有一萬個理由，我都覺得變性手術絕對是弊多於利。可惜的是，我手底下還是有不少孩子瞞著我，偷偷將蛋蛋給拿掉……。」

小近媽雖然總是放話：「誰敢去醫院動刀，就給我走人。」不過，她也表示：「最近我都懶得說了。」如此一百八十度的轉變，並非是小近媽改變心意，而是時代不同的緣故。

「其實，我還是反對變性手術的。只不過不再像以前那樣斬釘截鐵罷了。不，應該是說不出口了。因為時代不同了，誰還會聽我們這些老人嘮叨。動不動一頂權力騷擾[30]（power harassment）的大帽子扣下來，那可是要吃官司的……。」

所以，小近媽也從善如流，不再堅持過去的軍令，反而想開了。「去吧、去吧。記得後果自負啊！」

只見她壓低聲音，話語中帶著一絲淡淡的哀愁：「其實我最擔心的，就是這些孩子像飛蛾撲火似的，奮不顧身。」

事實上，這家店還是有不少人去做變性手術。

其中一人還說：「我跟你說，想整型的話，韓國絕對是首選。因為醫生的經驗比日本豐富，水準也沒得比。最重要的是，物超所值，比日本便宜多了。不過，說到隆胸的話，我覺得韓國、泰國或日本都差不多，而且價格上也還可以接受。可是，如果想把下面的『那個』拿掉的話，就只能去泰國了。因為那裡又快又棒，又便宜！」

又快、又棒、又便宜——。

只見他笑得如此暢意，彷彿在幫速食店打廣告，說得一派輕鬆。從他身上看不出一絲一毫小近媽心中的擔憂。

就像小近媽說的，時代不同了。

幾經周折，小近媽最後選定二丁目作為據點，也走過大半個世紀。在這段說長不長、說短不短的歲月中，不僅店裡員工各有各的想法，社會大眾也因為ＬＧＢＴ運動而對同志改觀。

因為開放觀光，導致同志客群流失

不過，隨著時代的物換星移，小近媽眼中的二丁目又是什麼模樣？

「以前的新宿二丁目就是個情慾流動之地。我雖然一大把年紀了，也常常想起當時的盛況！那個恣意縱情、喝酒吃肉的日子，當真是人生一大享受。這些風光的歷史，就是路上隨便找個四十幾歲的中年人，也說不出個所以然。光是舞臺秀吧，治豔

---

30 藉由權力濫用與不公平的處罰所造成的持續性的冒犯、威脅。

露骨的程度，現在的表演根本就是小兒科……。」

據小近媽表示，白坊秀還設計過一個橋段，就是事先在舞者內褲放一條裝滿咖哩的軟管。接著，再配合劇情誇張的將咖哩從屁股擠出，讓另一位舞者沾著麻花捲津津有味的吃給客人看。

小近媽笑著說：「……哈哈哈，我知道這個橋段有點黃。不過，當時的客人就是吃這一套。換作現在的話，應該沒人買單吧。欸，時代真的不同了。過去那些讓觀眾哈哈大笑的戲碼，以現在的標準，可能會因為這個太情色、那個太低級而被全盤封殺。」

在這個什麼都講求規定的時代，這些話從小近媽口中說來卻像八卦似的，那麼輕鬆滑稽。

新宿二丁目是日本同志的大本營——這在過去絕對是無庸置疑，不過最近卻是風水輪流轉。

「原來的鐵粉都不來二丁目了，大家都跑去淺草[31]。你去街上看看，到處都是年輕人，年紀再大也不過四十幾歲。有看到五十幾歲的歐吉桑嗎？沒有吧？」

如同小近媽所說的，近幾年來的二丁目，不是年輕人就是外國遊客。難道歐吉桑都轉移陣地了？

「可不是嘛？大家都去淺草了啊，但那裡明明大部分的酒吧都是『Men Only』，也就是只招待男賓。除了不歡迎女性以外，也看不到外國遊客趴趴走。反觀二丁目現在還堅持僅限男賓的酒吧大概不到三成吧？大部分的店家都轉型為混合型酒吧，或者觀光酒吧。現在的新宿二丁目就是這個樣子！」

話說回來，一之瀨在決定開香茉莉的時候，之所以選擇混合型酒吧，也是為了降低門檻，以便吸引更多年輕客人。

相反的，小近媽的白坊因為消費偏高，客人則是以五十歲以上為主要客群。

在時代的巨輪下，任何地方都逃脫不了眼見高樓起、眼見樓塌了的繁盛興衰。不

---

31 淺草主要客群為老年族群，年紀較大的同志及喜歡老年人的年輕同志都會到淺草玩。

過，對於見證過那段輝煌歲月的人而言，道理雖然簡單，卻仍然無法抹去他們心中難以釋懷的失落感。

小近媽看似平靜的接著說：「這個地方的風光不再，也是沒有辦法的事。我當然覺得不捨跟落寞。不過落寞歸落寞，日子還是得過下去吧。成天唉聲嘆氣有什麼用呢？最重要的是，配合時代的腳步，找條生路啊……。」

由此不難看出小近媽的經營才能，與白坊之所以屹立不搖的原因。

幸運的是，白坊不僅有一大票老主顧，加上經營方式很能跟得上時代，培養出不同世代的粉絲，因此市況再怎麼蕭條，店裡還是有不少人捧場。

儘管如此，新宿二丁目依舊面臨生死存亡的困境。

「其實，週末或國慶假日也還好，只是平常的話，有誰會來二丁目逛呢？沒有人潮，店裡當然就冷冷清清。那些小夥子幹嘛跑來酒吧瞎混？只要去超商買個飲料，在附近閒晃，就能找到對象。而且，現在的交友軟體可厲害了。只要輸入喜歡的類型，或者設定自己的定位，兩三下就搞定了啊！」

說到底，終究是因為手機及應用通訊軟體。

《Badi》的前總編輯 HIRO，與經營香茉莉的一之瀨，都曾經感嘆：「新宿二丁目之所以今非昔比，就是抵不過交友軟體的魅力。」

這些也一再證明，邂逅才是讓二丁目找回人潮的關鍵。甚至，所有與二丁目類似的特殊街區都必須如此，才能像磁鐵似的吸引人潮。

我不禁好奇，小近媽眼中的新宿二丁目又該何去何從？

面對我的提問，她想也沒想的說：「就是大眾化吧！」

頓了一下以後，她接著解釋：「說得直白一點，就是回歸正常吧！」

這個曾經以淫靡風情為傲，包容同志與各種性傾向的人，而享譽國際的新宿二丁目，在小近媽看來竟然落得「回歸正常」的命運？

「……我也捨不得啊，再怎麼說，這裡可是日本引以為傲的二丁目。不過，有什麼辦法呢？這就是時代的潮流。一旦成為觀光景點，就意味著必須迎合大眾化。看看現在的二丁目多麼明亮乾淨啊！」

那個日本引以為傲的二丁目，當真如同小近媽所說的，終將趨於平淡？

陰暗面與光明面的自相矛盾

新宿二丁目的轉變雖然讓許多人感到落寞，不過整個街區卻也變得健全整潔。對於LGBT而言，倒也不無好處。

「老實說，五十年下來，街道確實明亮許多了。不管男女同志或者各種性傾向的人，大家的表情也開朗多了。這些變化跟服裝、化妝或外表無關，而是發自內心的笑容。總歸一句，就是時代真的變了。說起來，還得感謝LGBT運動，我們這裡才能夠轉暗為明！」

這裡的酒吧不再像從前那樣，在門口張貼「僅限男客」、「女賓止步」、「會員制」或「Men Only」之類的招牌。

酒吧的生意陷入困境雖然是不爭的事實，不過一些不拘泥於男女同志的混合型酒吧逐漸增多；市面上，也出現了接受非同志客群的觀光酒吧。

除此之外，針對外籍遊客發行的觀光指南，也紛紛將二丁目納入景點，因此而吸引更多世界各國人士前來遊玩。

這一切的一切，也可以說是「開放」後的成果。

「近幾年來，這個地方變化最大的就是，連一般的……欸，我是說非同志，也喜歡來這裡逛一逛。換作是從前的話，大家說到同志難免會心生反感，最近倒是聽不到這些聲音了。

「老實說，一般人對於ＬＧＢＴ已經不再那麼反感了。所以，很多人開始勇於公開自己的身分，表情也都開朗許多。當我們肩上不再背負著莫名的罪惡感，內心不再有沉重的包袱以後，自然就能做回自己。這些都是ＬＧＢＴ運動的功勞吧！」

一旦內心深處的情感不再受到禁錮，人們也就不必再為罪惡感、愧疚感所苦。

然而，如同長谷川，甚至小近媽所說的——如此一來，反倒讓這個地方失去原有的淫靡風情。

陰暗面與光明面的自相矛盾——。

這個地方曾有的情慾流動已不復見，曾在這裡追求淫靡、曖昧與慾望的同志們也紛紛轉移至淺草。

另一方面，人們現在即使想找個伴，也不必再大老遠的跑去新宿二丁目。只要透過交友軟體或配對網站，兩三下就能搞定，而且速度更快、效率更高。

曾幾何時，這個地方街頭巷尾充斥的，竟是非同志以及外籍遊客。

於是，新宿二丁目從此成為一個再普通不過的街區，甚且是觀光景點……。

所謂薑是老的辣，一切果然不出小近媽所料。

*

在二丁目奮鬥了大半個世紀的小近媽，轉眼間也七十好幾。

她笑著說：「我雖然很宅，可是身體好得不得了喔！」她說自己平時注重養生，家裡放了一臺價值不菲的清淨機，冰箱裡還有各種健康食品，甚至還花了一百二十萬日圓，裝了一臺家用三溫暖。

話說回來，小近媽對於白坊的前途有何看法？這個耗費她畢生心血的金字招牌，今後又該何去何從？

「老實說，白坊對我來說，真的是意義非凡，因此我當然希望這家店可以長長久久的經營下去。不過，現實擺在眼前，只要沒有我，就不可能有這家店。即便如此，我仍然希望有人來接替我的位子。再怎麼說，我總不能看著這塊招牌就這麼消失，得想辦法找個接班人……。」

小近媽的執著，令我不禁好奇，在這裡混了大半輩子的她，對於新宿二丁目又是怎樣的愛恨情仇？

她想了一下以後，緩緩道來：「簡單來說，這裡對我來說，就是心靈的故鄉。每天不來這裡走走，渾身就不對勁。而且，也不必擔心有人在背後指指點點。不論是男同志、女同志，或者變性人，**只要踏入這裡，都可以自由的呼吸著，不必在意他人的眼光**——這就是我所認識的新宿二丁目。」

如同前面提過的，任何地方都無法抵抗時代的洪流——即便是新宿二丁目也不例外。如此豁達的小近媽，當然清楚所謂禍福相倚，世上萬物總是有好有壞的道理。

只見小近媽話鋒一轉：「其實，過去這塊地方還算平靜，沒什麼偷雞摸狗或打架鬥狠之類的，所以才會吸引ＬＧＢＴ來這裡光顧。倒是對外開放以後，酒醉鬧事的糾紛多了。這才是最讓我擔心的。

「二丁目門戶洞開以後，風氣不再像以前那樣閉塞，整個街道也乾淨明亮許多，所以大家都想來這裡逛一逛。可是，這個地方對我們來說，就像橋頭堡般的重要，不是讓那些路人甲來這裡拍照留念的。我唯一的心願就是在新與舊之中取得平衡。既能維持過去的良好傳統，又能開創嶄新的文化。」

訪談至此，已夕陽西下，夜幕低垂。

而今天的白坊，仍然一如往常的開門營業。

時間不早了，小近媽開始打點自己。同時，千萬個思緒在心中起伏——

那些個老主顧今天還來捧場嗎？

舞臺秀的內容還受歡迎嗎？

店裡的小夥子是否活蹦亂跳、和和睦睦呢？
這些就是小近媽的日常，五十年如一日。

Episode 5

每一種人生，都值得被擁抱

「當大家為了生活不得不賣命工作的時候，
當然得抒發壓力。我記得有這一句歌詞，說什麼來著？
對了，讓人忘卻一切煩憂。」

律姐　NHK 報導人氣深夜食堂女王老闆娘

攝影／岩川 悟

「喂，小夥子，想不想瞧一瞧老子的揑揑啊？」

不會吧？都凌晨三點了，沒想到我竟然還有這種豔遇，被一個七十幾歲的阿嬤挑逗呢！

其實也怪我多嘴，不過就這麼隨口一說：「欸，看不出來律姐的皮膚還挺漂亮的。」她竟二話不說就脫下T恤：「說什麼呢！除了皮膚以外，老子的揑揑也是粉嫩粉嫩的喔！」還真如她老人家的金口，就像櫻桃般小巧可口。

在啤酒的助興下，律姐似乎越喝越嗨，她接著問：「喂，小夥子，你母親多大了啊？」

「嗯，跟您同年，七十四歲了。」

只見她一臉不可置信的說：「什麼？不會吧……你媽跟老子同年？哎呀，那就沒戲唱了。」她接著又大笑，說：「我本來還想不倫不行的話，至少搞個同性之愛也不錯啊！」

散落在律姐手邊的札幌黑標啤酒，至少有十五瓶以上。

「其實，這也沒什麼，怎麼樣？你要不要先來一碗親子丼（按：雞肉加雞蛋的日式蓋飯，亦有暗喻不倫之意）？」

律姐開口閉口的自稱「老子」，一邊將啤酒像喝水似的大口灌下。其實，她既不是男同志，也不是女同志，更不是跨性別者。她只是個……直女，而且還是不折不扣的異性戀。

連黑道也敬畏三分的「老子」

啤酒像是打開的水龍頭般，不斷的往杯子裡倒。

只見她一手拿著冰鎮的啤酒瓶，一手俐落的用開瓶器敲打瓶身、打開瓶栓，然後將金黃色的液體倒入杯子裡。

在訪談中，開瓶器敲打的鏗鏘聲迴盪在整間店。

我不禁好奇的問：「開個啤酒，幹嘛敲瓶子？」

沒想到律姐白了我一眼：「不這麼敲一敲，誰知道有沒有啤酒？你嘛幫幫忙，用膝蓋想也知道啊！」

喔，說得也是。

可是不對呀，瓶子裡有沒有酒，看瓶蓋不就知道了，有必要浪費力氣敲瓶子嗎？

我心裡縱使一萬個不以為然，面對律姐，也只能點頭如搗蒜的表示贊同。

訪談都過去三個多小時了，轉眼已是凌晨三點。店裡只剩幾名客人靜靜吃著蓋飯。除了兩名喝掛的上班族以外，還有一組躲在角落卿卿我我的同志情侶。

這個時候，律姐的老公阿加，正在後面廚房忙裡忙外。將近半個世紀了，阿加靠著一支平底鍋，從深夜忙到凌晨，不知餵飽了多少飢腸轆轆的胃袋。

這就是律姐與阿加的日常生活。

「我們是昭和四十三年（一九六八年）結婚的，然後在昭和四十五年的十一月開了這家店。剛開始，其實是開在靖國路一帶，後來因為泡沫經濟的影響，租金漲不停，才在昭和六十年（一九八五年）搬來這裡。」

隨著泡沫經濟的來臨，日本經歷了景氣大好的時光（按：指日本一九八六年至一九九一年出現的經濟現象）。土地價格持續攀升，而且人人醉生夢死。靖國路一帶因為是新宿的門面，價格更是水漲船高。所以，他們只好另謀出路。

律姐不改一貫豪邁的作風，一邊倒著酒，一邊說：「一開始，我們是二十四小時營業。那時忙歸忙，倒也賺了不少錢，而且銀座的小姐還是我們店裡的常客。

「你一定不知道，俱樂部的小姐通常下班後，都會先去六本木或赤坂，接著再去歌舞伎町續攤，最後再來這裡。二丁目就是一天的總結。那個時候，大家都有用不完的精力。不管再怎麼忙，再怎麼累也不回家。」她笑著說：「那段時間雖然從早忙到晚，荷包倒是滿滿的喔！」

只見律姐越說越起勁，看來還有得聊。

今天應該是一場徹夜長談吧！

＊

撇開正題，我最好奇的是：「為什麼總是老子、老子的說自己？」

面對我的問題，律姐說起自己的英勇事蹟：「其實以前，我也是自稱本小姐……但你知道嗎？過去的二丁目黑道橫行，想當初三十歲還是一朵花的時候，那些混混一來就給我下馬威：『你他媽的死老太婆！』不過，我律姐可不是省油的燈，為了嗆回去，所以就從本小姐變老子了。」她說完以後便放聲大笑。

她還說，有一次回家路上，皮包被搶了。當下她就像電視劇那樣一路狂追，逮到對方的時候，還拎著搶匪逼問：「說，你把老子的皮包藏哪？」嚇得那個搶匪當場屁滾尿流，一句話也說不出來。

為了在新宿二丁目混口飯吃，她只好從本小姐變成老子。

話說回來，黑道幹嘛上門找碴？其實就是保護費的問題。

「我們這一帶過去也是黑道的地盤，那些人三不五時就來討保護費。當然囉，老子怎麼可能掏錢？所以，那些混混沒事就會來我們店裡鬧事。不過，一碼歸一碼。保護費雖然沒交，遇到那夥人有什麼喜慶之類的，我也從不失禮。這種關係維持幾年下來，加上我年紀也大了。現在，反而是我嚇唬他們：『有本事就從恁祖媽這裡收個錢看看。老子哪天要是死了，就拉你們這群死囝仔一起死。』」

律姐一邊豪邁的笑著，一邊說：「你別看我這麼凶，這些混混還是常來我們這裡吃飯喔。只不過在老子面前，誰也不敢說三道四。想跟老子比狠？他們算老幾啊，哈哈哈。」

這份氣勢與擔當，不愧是二丁目的律姐。

牛郎店、女王咖啡店，造就最繁華的新宿二丁目

律姐的本名是加地律子。

一九四五年（昭和二十年）出生，福岡人。從小在靠近大分縣（按：日本九州東北部）的豐前長大。

祖父是煤礦主，祖母是個女中豪傑，手下掌管百名礦工。

一九六三年，律姐十八歲的時候，到東京投奔大她九歲的姊姊。那個時候，姊姊在東京的神田開了一家咖啡店。因為生小孩的關係，需要請人顧店。所以，就急急忙

的叫妹妹來幫忙。

這家咖啡店原本開在神田站前的黃金地段，經濟泡沫時期，以一億多日圓的高價拋售，現在已改建為商業大樓。

姊姊生完孩子以後，律子仍留下來幫她打理咖啡店。

當時，有個大學生常來店裡，她一下子就和對方看對眼了。這個人就是現在的另一半，孝道先生，小名阿加。

「那個時候，阿加還是個大學生，每天都來這裡報到。於是，老子便主動跟他搭訕，然後就這麼送入洞房啦！」她接著大笑的說：「欸，你別看他現在這副德性，年輕的時候可是個小鮮肉呢！對吧，阿加！」

不知道阿加到底有沒有聽到。

只見他頭也不回的，在廚房後面繼續忙碌著。

律姐與阿加交往幾年以後，終於在一九六八年步入禮堂。然後，在一九七〇年十一月自立門戶，開了這家店。不過，一開始，女王只是一家普通的咖啡店。

「喔，你說這家店為什麼叫女王？這可是我的點子。其實，本來是想叫皇后的。不過，想來想去還是女王唸起來氣派多了。就是這麼簡單。這家店一開張，一杯咖啡定價五十日圓。當時神田一帶的行情可是八十日圓。我之所以敢壓低價格，其實只是便宜賣──一般賣一百日圓的話，一杯賣個五十日圓，讓客人喝上兩杯不就得了。哈哈哈，沒想到還真的被我矇到了！」

他們的咖啡店很快就步上軌道。在每天的忙碌生活中，律姐因為漸漸接觸到同志，這時才見識到二丁目的魅力所在。

「每天一到傍晚六、七點，總是有個外表齊整的小男生來我們店裡光顧。按照以前的說法就是娘炮。那個時候，老子還沒聽說過男同志或同性戀什麼的。不過，這個小男生怎麼看就是跟其他客人不太一樣，也不像是個上班族。整個人秀秀氣氣的，身型就像是根豆芽菜或蘆筍，而且還是個高級蘆筍喔。他總是靜靜的喝著番茄汁，一邊看著窗外……。」

每天照面下來，自然而然就聊了幾句。

「……當時老子還納悶：『這個小子是幹什麼的？』沒想到對方竟老實交代自己是『專賣戶』。你知道什麼意思嗎？就是專門接待男客的牛郎。後來，他跟我說：『改天帶妳去二丁目逛逛。』就是這樣，老子才開始接觸二丁目的。」

這個男生從小就知道自己是同志，對於女孩子從來不感興趣。有一次因為缺錢，只好出賣肉體。在他的帶領下，律姐大開眼界。

她哈哈大笑的說：「老子當時只有一個感想：『天啊，過去都白活了。』什麼寶塚[32]男粉的祕密基地，某位大咖的幽會地點，或者同志藝人的私房酒吧。欸，真的太好玩了。」

這就是律姐與新宿二丁目的相遇。

律姐跟老公在靖國路開了這家女王以後，隔年的一九七一年，新宿二丁目也出現了一家牛郎店——愛俱樂部（按：在日本稱作男公關店）。老闆還是有「牛郎界帝王」之稱，業界大哥大的愛田武[33]。

聽說律姐與這位大哥大也是有些交情的。

「那個時候，有個在歌舞團表演、頗有名氣的同志叫阿實。這個人每天都會去牛郎店報到，而且聽說很有一手。在他的建議下，愛田才在新宿二丁目開了一家鼎鼎大名的愛俱樂部。雖然，一說起這家店，大家想到的都是歌舞伎町。不過，第一家店可是開在新宿二丁目，後來才移到歌舞伎町的。換句話說，日本牛郎店也是從二丁目起家的。」

---

32 由未婚女性組成的在日本廣受歡迎的歌舞劇團。

33 二十八歲轉職做男公關，之後創立男公關店「愛」俱樂部，被業界稱為男公關界的帝王。

律姐口中的阿實在二丁目是一號人物。在《牛郎王與夜生活的男人們——愛俱樂部創辦者的傳奇》（倉科遼，實業之日本社）一書中，也看得到阿實的身影。

其實，愛俱樂部一開始並不是開在歌舞伎町，而是新宿二丁目。

「——是嗎？決定出來開店了啊！那你可得來這裡跟我做伴喔！」

就因為阿實的一句話，阿武便將愛俱樂部開在二丁目，與這位老主顧的同志酒吧一起打拚。打從國中開始，阿武最嚮往的地方就是歌舞伎町。他的第一家店當然也是以此地為首選。

不過，為了給阿實面子，最後他還是選擇了二丁目。

說起來，阿實除了是阿武的老主顧，也教會他特種行業的眉眉角角。而且，兩人也都是同志，三不五時都會帶朋友互相捧場；有時候阿武也會一個人，跟阿實吐吐生意上的苦水。由此可看出，阿實在阿武心目中的地位。

於是，愛田便在阿實的斡旋下，在新宿二丁目開了第一家牛郎店。三十坪不到的店面，他二話不說就跟熟客借錢整個買下來，而不是用租的。

愛俱樂部開張不久便造成話題，吸引大批客人前來捧場。其實，這都是二丁目的功勞。從書中的描述，我們不難窺知一二：

愛俱樂部一開張就門庭若市。阿武的客人來自全國各地。再者，新宿二丁目的地理位置也十分理想。

一九七〇年初，牛郎店等特種行業因為一九四八年頒布的《風營法》，只能營業到晚上十二點，凌晨過後便須打烊關門。

凡是在深夜營業的店家，就會遭到警察的盤查。

但或許是因為新宿二丁目在大戰以後被劃分為合法的紅燈區，後來又成為同志村，自有不同的歷史背景。因此，這就有一點類似治外法權的概念，警察對於三更半夜營業的店家，大多睜一隻眼、閉一隻眼。

更不用說，還有阿實這塊響叮噹的招牌。在阿實的關照下，愛俱樂部在二丁目一開始就經營得滿順利的。

律姐回想起一九六〇年代後期到一九七〇年代前期，她是這麼說的：

「從前的新宿二丁目，一到晚上就灰濛濛的，連個像樣的街燈都沒有。對於大家來說，就是個燈紅酒綠的地方。所以，一到晚上，沒有女孩子敢從新宿大道穿過靖國路。在老子還年輕的時候，那些皮條客或街頭拉客的姐姐也總是跟我說：『妹妹，這裡可不是妳來的地方喔！』」

這不禁讓我回想起小近媽也說過同樣的話。

歷經時代的變遷，因為經濟泡沫的影響，女王而後遷店至新宿二丁目。

當時日本的景氣雖然一片看好，不過新宿二丁目卻因為愛滋病的話題，而人心惶惶。

媽媽味的深夜食堂：無關性別，守候每個討生活的人

一九八〇年代後期，愛滋病的騷動從新宿二丁目向外擴散，沒多久便席捲整個日本。不管是長谷川或者小近媽，凡是經歷過那段時期的人，說起新宿二丁目與愛滋病

的種種，彷彿歷歷在目。不過，從律姐的口中說來，卻像是什麼也沒發生過似的，一派輕鬆。

「愛滋病的騷動？我們餐廳還好耶。我記得那個時候不知道是東京都還是中央吧，還撥預算讓人在街頭發送保險套，或者放在店裡讓客人拿。頂多就是這樣吧。真要說的話，反倒是石原慎太郎[34]當知事的時候，還比較折騰。」

石原慎太郎從一九九九年（平成十一年）到二〇一二年（平成二十四年），當了十三年的東京都知事。恰巧是二十世紀橫跨二十一世紀的時候。

——為什麼他當知事的時候比較折騰？

面對我的問題，律姐只冷冷的說道：「沒為什麼，這個人就是討厭黑道、同性戀……。」

34 日本右翼政治人物、作家，曾任眾議院議員、日本維新會代表。

我稍微停頓了一下，她卻過了好一會才又開口：「雖然我也不確定，不過他這個人打從心底就不了解同志。反正，他滿腦子就是想著怎麼將新宿弄得乾乾淨淨，所以黑道或同志就成為他的眼中釘了！」

事實上，石原慎太郎在任職知事期間，二〇一〇年有一場由男女同志發起的大遊行。當時他的一段話，曾經引起輿論一片譁然：「嗯，男的跟男的、女的跟女的送作堆，真彆扭。這些人是怎麼了？遺傳因子的問題嗎？性少數的人還真是可憐啊！」

石原的這一番話引發眾怒，於是隔年的二〇一一年四月，便有人登高一呼，要在東京新宿舉辦一場「向歧視說ＮＯ！抗議石原知事大遊行」。

隨著時代的變遷，女王的客層也逐漸出現變化。

「我們這家店一開始只是個普通的咖啡店，主要的客人都是上班族。上班前吃個早餐，中午吃商業特餐，再來杯咖啡放鬆一下。大概就是這樣。早上八點開門，晚上八點結束。關門以後，就拿著當天的收入，吆喝著說：『耶，大夥兒喝酒去囉！』

唉，你都不知道那段日子有多開心。」

如同前面所說的，這家店後來改做深夜時段。不過，在泡沫經濟那段時期，他們其實曾一度改成二十四小時營業。

「因為客人實在太多了，有一陣子我們還一天做二十四個小時，全天不打烊。不過，你別看我們店不大，最少也要三個人才忙得過來。最忙的時候，還請過十個員工咧。不過，老子也不是鐵打的，總得睡個覺什麼的。而且，那個時候還年輕，偶爾也想溜出去打麻將、泡三溫暖，還有一些有的沒的……所以我不在的時候，就讓底下人幫忙看著。

「不過，那個時候哪來的手機？每次我打回去查勤的時候，總聽到：『欸，那個誰誰誰還沒來喔。』我只要一聽到就開始胃痛。不過，這家店就是拚死拚活的，也賺不到幾分錢。因為我不在的話，客人就不點酒喝了，往往一杯咖啡就走人。後來，我們就不那麼賣命了，乾脆縮短營業時間，只做深夜時段。」

簡直就是真人版的深夜食堂。

自從他們將營業時段改為凌晨以後，消費客群就改變了。那些為工作打拚的上班族不再上門，反而是在二丁目附近逛的男女同志，成為女王的新主力。

「後來，我們的客人就以在附近工作的人為主。因為通常工作結束以後，這一帶也找不到什麼像樣的餐廳，所以大家就跑來我們這裡光顧。我們家的菜色雖然普通，但就是鹽烤秋刀魚、納豆、燉菜或羊栖菜之類的家常菜特別受到歡迎。

「嘿，這才是最暖胃又暖心的。而且只要客人一句：『律姐，你們家沒有什麼什麼啊？』或者『欸，今天好想吃什麼什麼喔！』的時候，為了滿足客人的需求，就這麼東加西加的。所以，菜色越來越多……不過，也是因為這樣，我們店才會這麼受歡迎。」

只見牆上的白板寫著「今日特餐蛋包飯／五百日圓」，旁邊則是單點菜色。例如：「馬鈴薯沙拉／三百日圓」、「燙青菜／三百五十日圓」、「薑汁燒肉／五百日圓」、「燉菜／四百五十日圓」、「炸蝦／六百日圓」、「炸牡蠣／六百日圓」、「炸雞塊／六百日圓」。

白板上的菜色多達十五種，這些手寫菜單大多依當天採購的食材而定。除此之外，桌上也有菜單本供客人選擇。

我隨手看了一下，發現菜色還蠻包山包海的。既有吃粗飽的，例如咖啡店常見的「漢堡排／四百日圓」、「薑黃香料飯／五百五十日圓」、「乾式咖哩飯／五百五十日圓」；也有讓客人加點的，例如一般食堂也有的「紫蘇燉昆布／一百五十日圓」、「冷豆腐／兩百日圓」與「滑菇白蘿蔔泥／三百五十日圓」等。

試想，三更半夜去哪裡找個像樣的餐廳填飽肚子？更何況是菜色多、純手工，又花不了多少錢。律姐的餐廳會這麼受歡迎，也就不足為奇了。

對於在這裡討生活的人而言，女王這家店簡直像是黑夜中，那盞默默守候著他們的明燈。

隨著餐廳越做越旺，特立獨行的律姐也受到媒體關注。因此，店內放了一些報導過女王或她的雜誌。

「喏，你看。」律姐隨手遞來《散步達人》（交通新聞社）與《POPEYE》（Magazine House）的新宿特刊。這兩本雜誌都是日本發行量頗高的休閒雜誌。《POPEYE》二〇一五年一月號中，律姐的照片襯著這麼一行說明。

自十八歲踏入這裡後，律姐便不曾離開過二丁目一步。這位大姊大喜歡人家拍馬屁，自稱永遠十八歲。放眼這一帶，但凡她說一，大概沒人敢說二。

（嘿，說得真好……。）

我按耐住拍手叫好的衝動，默默的將雜誌還給律姐。

近幾年來，女王店裡也多了一些新面孔。

聽說自從新宿二丁目成為觀光景點以後，外籍遊客就突然多了起來。

「我的媽呀，這些人話也說不通，真不知道該拿他們怎麼辦。嗯，大多是中國、臺灣或者韓國來的客人。說來說去都怪ＮＨＫ。他們都是看了ＮＨＫ的報導後，把我們這裡當成遊樂園了。問題是他們不會說日文，老子也不會說英文或者其他外國語言。所以，我們只能雞同鴨講。真是的，至少學幾句日文再來吧！」

律姐口中的NHK，就是社會寫實節目《紀實七十二小時》。

隨著每一集的故事主題，錄製團隊節目透過事先架設的攝影機，七十二小時，也就是整整三天眾生百態的貼身紀錄。當介紹女王的那一集在海外播出以後，律姐的店一下子成為外籍遊客的熱門景點。

「你說這群人，一句日文也不會說，還好意思對老子比手畫腳：『一起照張相吧！』而且比我還固執，不給拍就是不肯走人。搞得老子沒轍，最後只能犧牲色相。」她接著笑著說：「我還一邊叨念：『掰掰，掰掰，別再來亂了。』」

不管進門來的是日本人還是外國人，律姐的熱情始終如一。儘管雙方語言不通，律姐仍然使盡渾身解數，比手畫腳的與對方溝通。

「唉唷，真的要了老子這條老命……。」

她嘮叨歸嘮叨，臉上卻完全不是這麼一回事。

經過兜兜轉轉，這家店總算摸索出目前的經營模式——從晚上十二點營業到第二天早上十點。

「雖然我們從晚上十二點開到早上十點。不過呢，如果遇上老子酒喝多了，或者龍體欠安的時候，還是會晚一點開門，或者提早打烊什麼的。」

律姐一邊用開瓶器鏗鏘的敲著啤酒瓶，一邊笑著說。

景氣低迷，女王依然堅守崗位

其實，這家店也是幾經摸索以後，才將營業時段改成午夜凌晨到早上十點。此時的律姐也邁入人生七十大關。

我不禁好奇的一問：「這種日夜顛倒的生活，不覺得累嗎？」

沒想到換來一頓臭罵：「死囝仔，你當老子這幾十年混假的啊？」

她說得沒錯，以下是律姐的生活作息。

凌晨十二點……開店。
早上十點……打烊。
早上十點半……打道回府，一絲不掛的進入夢鄉。
早上十二點半……暫時起床。
下午一點……用餐、沐浴、發呆。
下午五點……去伊勢丹百貨購物。
晚上七點……晚餐。
晚上八點……補眠。
晚上十一點……起床，打點一切。
凌晨十二點……開店。

她接著解說一天的作息。

「基本上，老子一天就是這麼過的。不過，年輕的時候可猛了，中間還跑去喝個小酒、打麻將或者泡三溫暖什麼的，根本沒時間睡覺。年輕的時候都嘛不會多想，就只想：『哎呀，今天好想泡個三溫暖喔！』現在的話，身體倒是很誠實：『三溫暖？別折騰這把老骨頭了吧！』」說完以後，她還哈哈大笑起來。

整個訪談中，律姐雖然刻意迴避私生活的話題。不過，叱吒風雲的她也脫離不了養兒育女與操持家務這個話題。

「孩子嘛，基本上養了兩『隻』。作為一位家長，老子可是該做的都做了。現在他們也都四十好幾。不過呢，從小學、國中，甚至是高中，只要是家長會，老子可從來沒缺過席。嘿，我還當過家長會會長呢！反正老子該盡的義務也盡了，該玩的也沒忘。」

（齁，還真是耐操……。）

這一瞬間，律姐又回到最初採訪時的豪邁作風。

「欸，沒辦法啊。又要工作，又要玩的，誰有那個美國時間睡覺呢？」只見她豪邁的大笑：「再怎麼忙，也得打打麻將、泡泡三溫暖吧？」

女王自開張以來，走過五十個年頭，新宿二丁目也不再是從前的二丁目。隨著時代的動盪，景氣曾經大好，也曾經一落千丈。

而律姐心中的歡樂時光，永遠停留在一九八〇年代後期到一九九〇年代，經濟泡沫時期的黃金歲月。

「說來說去，最讓人懷念的還是經濟泡沫時期。不管你喜不喜歡，反正全日本上下就是景氣好得很，新宿二丁目當然也不例外。不管是銀行，還是街上的流浪漢，人人都神采奕奕。銀行每天捧著錢到處拜託人借貸，而流浪漢專挑超商沒被開封過的便當吃。你看看，現在的日本都成什麼樣了？還有當時的繁榮嗎？」

當然，新宿二丁目已沒落的這個事實，律姐比任何人都感同身受。

「二丁目真的變了。不僅沒什麼人來，看來看去都是外國臉孔。話說回來，這裡的客人要跟從前相比，真的是差很多。以前呢，一個晚上能夠喝上五家的客人，現在只能喝上個三家。而喝上三家的客人只能喝個兩家，甚至一家。偶爾來二丁目逛逛的客人，也不來了……唉，誰讓景氣這麼糟糕呢！」

隨著景氣陷入低迷，客人的格局與店家的服務也開始出現變化。

「要是以前的話，二丁目的酒吧還是挺風雅的。而且，客人也不見得人人酒色財氣。即便就是在同志酒吧聊聊天、打打屁，客人也會心甘情願的付帳。換作現在，客人滿腦子想的，就是能不能帶出場，或者脫不脫的問題。如此一來，反而降低了店家的水準。」

以前還是挺風雅的——。

律姐的這句話，讓我印象深刻。

「嗯，老實說，我也不知道適不適合用風雅來形容。不過，有時候遮遮掩掩，或者不那麼露骨也是一種樂趣，不是嗎？不過，時代不同囉。現在的小朋友根本不在乎對方是圓是扁，只要是公的都可以。欸，怎麼說呢，就是太直接了吧！」

她的這段牢騷，讓我想起長谷川曾以淫靡兩個字來形容過去的新宿二丁目。

那麼，隨著時代的演進，女王改變了哪些？又維持了哪些？

聽了我的問題，律姐想了一下，開口說：「要說變嘛，新宿二丁目當然跟從前不一樣了。不過，至少這個地方還是同志村，而且大家下班以後，也還來我們店裡吃飯。要說這五十年來唯一不變的，大概就是這兩點吧……。」

變與不變，新與舊之間——。

任何地方經過五十年歲月的洗禮，難免由盛轉衰。當然，新宿二丁目也不例外。即便如此，女王仍然堅守崗位，照常營業。

光想自己真衰，那就真的會倒八輩子楣

女王自從一九七〇年開張以來，已經過了大半個世紀。在這段不長不短的歲月中，儘管一路上是風風雨雨，卻從未面臨過倒店的危機。這全是律姐與阿加將全部心力放在這家店的緣故。

他倆之所以如此拚命，是因為充分認知到，這家餐廳的存在對於在新宿二丁目討生活的人，何等重要的緣故。

這麼些年來，聽說夫妻唯獨一次面對面的，認真討論女王的將來。那是一九九〇

年初期，也就是這家店開張二十年週年的事。

「大概是三十年前吧，老子突然覺得受夠了。老子要的是粗暴一點的餐廳。嗯，怎麼說呢？也不能說是粗暴，應該是亂七八糟？欸，你知道什麼是亂七八糟嗎？」

律姐看我一臉不解的搖搖頭，便接著解釋：「所謂亂七八糟，就像俱樂部或卡拉OK那樣，請一大堆美眉在店裡炒熱氣氛啊！反正老子就是想大幹一場。所以，就跟阿加商量，兩人各做各的。女王歸他管，老子呢，另起爐灶……。」

正當律姐與丈夫商量如何實現自己的夢想時，沒想到這位好好先生、平時默默支持愛妻的阿加，竟然出乎尋常的發表意見：「……我不想一個人做，沒妳的話，我也不想幹了。店裡的幫手再多，沒有妳的話，我就定不下心來。」

她接著哈哈大笑：「當時老子還想：『不是吧，老子魅力如此之大？』」

這個時候，律姐的老公如同往常一般，在廚房後面忙個不停。

她往廚房大喊：「喂，你那個時候說，老子不在，你就不想幹了，對吧？」

不知道阿加有沒有聽到老婆大人的問話。

只見他頭也不回，一如往常的緊閉雙脣。

隨著手邊見底啤酒瓶越堆越多，我的採訪也漸近尾聲。

——這家餐廳您打算開到什麼時候呢？

聽我這麼一問以後，她想也不想地回答：「五十年吧……。」

她口中的「五十年」指的是「五十週年」。女王是一九七〇年開張的，「五十週年」就是二〇二〇年——律姐跟阿加都七十好幾了。

「老子真的累了，所以見好就收吧。誰也不想做到死吧！你想想啊，老子可是從二十五歲一路打拚到七十五歲呢，也該歇歇了吧。前陣子我還在晚間新聞看到一個報導……。」

她指的是，八十五歲女性的工作哲學。

「……你想想啊，都八十五歲了，還在外面活蹦亂跳。雖然蠻激勵人心的，不過，老子可不想七老八十還在外面折騰。更別說突然暈倒，或在店裡掛了什麼的。」

接著，她不改豪邁的大笑：「況且當真要死的話，至少也得趴在小鮮肉的身上啊。」

律姐接著說：「老子家那個上小學的孫子，每次來伸手要錢的時候，老子就會給個三百日圓打發打發。如果在掛點以前，老子除了給小兔崽子一些零錢花，自己也不愁吃穿，也就夠了吧。不過，人總是貪心的。雖然老子一輩子恐怕也花不到一、兩億日圓，只要在掛點以前夠花就好，就像小朋友只要三百日圓就可以打發一樣，但小錢也是錢，多少才算夠呢？唉呦，想想都頭痛……。」

——如果重新來過的話，還會選擇這一行嗎？

只見律姐仰天大笑：「哈！開什麼玩笑！如果讓老子從頭來過，一定要當賭徒緋牡丹[35]。嘿嘿，誰叫老子身上流著阿嬤的血呢？她在九州老家可是管一大票礦工！老子也想在背上刺一大片唐獅子牡丹[36]，嚐一嚐人生的波濤起伏。」

她雖然說得豪氣干雲，不過像是想到什麼似的，語氣急轉直下，平穩的說：「……唉，可惜的是，人生的路只有一條，如果一路走來，光想著自己真衰的話，那就真的會倒八輩子楣。

「說實話，老子這輩子真的值了。有阿加陪伴，一路走來真的很幸福。而且生了兩隻兔崽子、四個小孫子。能夠活到現在，真的是死而無憾喔！」

採訪到現在，我頭一次看到她說得如此認真。

我們都是小螺絲釘，忘卻一切煩憂吧！

漫漫長夜即將過去，天空也隱隱泛白。

鄰近的店家陸續準備開店。凌晨三點過後，女王越來越熱鬧。或許是趁著醉意，客人的音量不免也大聲了起來。

這個時候，正是廚房忙得不可開交的尖峰時段。

直到曙光乍現，店裡才像是什麼都沒有發生似的，恢復一片混沌。

35 東映電影公司於一九六八年，以女性為主角推出的俠義系列作品。描述矢野龍子闖蕩賭場，尋找殺父兇手的故事。因其後背有一大幅紅牡丹的刺青，因此人稱緋牡丹阿龍。

36 唐獅子據傳為獅子與麒麟的結合，英姿颯悍，為權力的象徵且具有避邪功能。唐獅子雖為萬獸之王，唯獨怕體毛中的蝨蟲作怪。而牡丹花的露水專治蟲害，因此畫作中，常見唐獅子搭配牡丹花的構圖。

整夜採訪下來，律姐突然開口說：「老實說，這個地方確實是是非之地，但大家在這裡掙點錢，也不過就是討口飯吃……。」

從頭到尾，那個始終亢奮、豪氣干雲的律姐，最後這麼一句：「大家在這裡掙點錢，也不過就是討口飯吃……。」頓時讓我胸口感到一陣刺痛。

我接著追問理由。

她說：「我也不想這麼說。不過，就是因為我在這裡打拚、生活了這麼久，才會有這麼深的感受。說到底，我們這些人就是社會的底層，也只有二丁目才能讓我們鬆口氣……。」

——什麼原因讓她覺得自己是社會的底層？

律姐口氣一變，直白的說：「比方說神轎吧，老子這群人頂多就是個抬轎的，哪有資格爬上神轎。只有那些搞政治的、或者搞經濟的社會精英才是被捧著的人。我們這些小螺絲根本攀不上這些大人物。

「當然囉，老子也有老子的煩惱，也需要有個地方發洩。其實，每個人都有自己發洩壓力的管道，有人需要發洩壓力，自然就會有人為大家排憂解悶。而這些人呢，又得找個地方抒發壓力。反正人世間就是這麼一回事，跟陀螺似的轉啊轉。」

越說越強烈的口吻，讓人看不到一絲先前的樣子。

律姐繼續說道：「……你想想啊，不管是大官、平民百姓，還是乞丐，總得找個地方鬆口氣吧？這個地方就是新宿二丁目。當大家為了生活不得不賣命工作、勤懇過日子的時候，當然得來這裡抒發壓力。我記得有這一句歌詞，說什麼來著？對了，『讓人忘卻一切煩憂』，指的就是新宿二丁目啊……蛤？沒聽過。喔，那可能是你太年輕吧！」

律姐口中的「讓人忘卻一切煩憂」，就是昭和六年（一九三一）讓藤山一郎一炮而紅的〈美酒是淚，還是嘆息〉。這首演歌出自作曲家古賀政男的手筆，維持他一貫的簡約曲風，卻又透露著昭和年代特有的哀愁。甚至連一代歌姬美空雲雀也曾經翻唱過。

美酒是淚　還是嘆息
讓人忘卻一切煩憂

無緣　無緣的　心上人哪
夢中相見　唯有相思淚

美酒是淚　還是嘆息
讓人忘卻這段苦戀
早該遺忘的　心上人哪
讓我這顆心　再也找不到歸宿

我再一次問律姐。

——您奮鬥了大半個世紀，認為自己就是幫大家忘卻煩憂的小隊長嗎？

聽到我的問題，律姐哼的一笑：「說什麼呢！老子有那麼高尚嗎？不過就是混口飯吃罷了，這五十年才這麼折騰著過來了。哎，不過呢，」律姐停了一停，然後說：「同樣在這裡打拚，『我』就是想幫這些年輕人加加油、打打氣。要是誰餓了，或者覺得自己撐不下去了，想找人訴訴苦。只要來律姐這裡，就絕對不會失望。幾十年下來，『我』可是一直這麼想的喔！」

採訪到現在，一直老子長、老子短的律姐，竟然這個時候用上「我」了。雖然她倒啤酒的豪氣依然不減。

「你小子也問夠了吧！肚子餓不餓啊？要不吃個飯糰再走吧？阿加，做點什麼來吃吃吧？」律姐還是律姐，永遠那麼豪邁。

此時，但見天空一片泛白，新的一天即將開始。

女王也邁入第五十個年頭。

而漫長又漫長的一天，總算畫下句點。

Episode 6

抬頭挺胸，
這裡是東京彩虹的驕傲

「我交過一個女朋友，但我們在一起就是淡淡的。
可是，我也從來沒有想過，或許是自己性傾向的問題。」

山縣真矢　非營利組織東京彩虹驕傲顧問兼理事

攝影／岩川 悟

一九六九年（昭和四十四年）六月二十八日，凌晨一點二十分。

美國紐約格林威治村（Greenwich Village）的同志酒吧「石牆酒吧」（Stonewall Inn），突然湧進一大批警察。

這是首起同志酒吧遭到警方針對性的大規模臨檢[37]。

警方無預警的突襲造成店內一片混亂，甚至有酒客與員工跟警察衝突起來。群眾的激憤超乎警察預期，花了數日才控制住局面。這次的臨檢行動，不僅有人受傷，還有人遭到警方逮捕，最後演變成一場群眾暴動。

這就是造成國際譁然的「石牆暴動」（Stonewall riots，又名石牆事件）。

二〇一〇年（平成二十二年），美國上映的紀錄片《石牆風暴》（*Stonewall Uprising*）[38]，就是針對這次事件，描述當時的來龍去脈。

在那個壓抑與壓迫被視為理所當然的時代，同志們終於勇敢為自己發聲。

當時，同志會用「脫下髮夾」（dropping hairpins）保守暗示自己的性傾向。因此，後來便有人用「一個掉落到地上的髮夾，恰巧聲音被全世界聽見」（The hairpin drop heard around the world）來形容這次的暴動（按：代表此暴動為同志平權運動的起點）。同時，「石牆」也成為所有ＬＧＢＴ對抗歧視與偏見的象徵。

事件過後的第二年，也就是一九七〇年六月二十八日，紐約市舉辦了一場「克里斯多福大街紀念日」（Christopher Street Day）的大遊行，為受到迫害的同志發聲。這場遊行除了促使更多的城市挺身而出以外，也讓同志解放運動逐漸在國際間擴散滲透。

一連串的運動下來，「驕傲遊行」正式誕生。時至現今，世界各地到處可見類似的驕傲遊行。

例如：美國紐約在每年六月的最後一個禮拜天，荷蘭阿姆斯特丹在每年八月的第一個禮拜六，而澳洲雪梨則在每年三月的第一個禮拜，都有一年一度的盛大活動。

37 當時，同志除了上酒吧經常遭到警方的搜捕和臨檢，也有許多變裝皇后遭到逮捕。

38 該部改編電影，因與真正歷史上的石牆事件大有出入，而遭到觀眾的抨擊及群起抵制。

除此之外，為了紀念六月發生的石牆暴動，日後的同志遊行也都選在這個月分舉辦。因此，六月又有「同志驕傲月」（Pride Month）之稱。

當然，日本也不遑多讓。

一九九四年八月二十八日，日本舉行首次同志驕傲遊行[39]。一千多名群眾齊聚東京都，揮舞著彩虹旗，從新宿中央公園一路走到澀谷的宮下公園。

彩虹旗——。

彩虹旗（Rainbow Flag）是現今同志驕傲遊行或ＬＧＢＴ運動不可或缺的圖騰。自從一九七〇年代使用以來[40]，已成為ＬＧＢＴ團結合作的象徵（彩虹旗原有八種顏色，目前以六種為主，亦稱六色彩虹旗[41]）。

因應世界潮流，日本在舉辦同志遊行時，當然也少不了彩虹旗。

而日本的同志遊行自一九九四年開始以來，已過了四分之一個世紀。

儘管過程歷經許多曲折，日本的同志遊行終於也遍地開花——除了東京以外，北海道札幌、關西大阪、名古屋，甚且南部的福岡等地都相繼舉行。近幾年來，大企業也紛紛響應及提供贊助，使得東京的同志遊行更加盛大，已發展成二十幾萬人次參加的大型活動。

而這一系列活動的幕後推手，則是非營利組織東京彩虹驕傲（Tokyo Rainbow pride）的顧問兼理事山縣真矢。

山縣同時也是《BEYOND》雜誌總編輯，這是該組織為了宣傳LGBT所發行的免費刊物。他既是驕傲遊行的核心人物，也是日本LGBT宣導活動的關鍵人物。

39 第一屆臺灣同志遊行於二〇〇三年十一月一日舉行，由臺北同玩節舉辦；但在同志大遊行以前，臺灣其實已有零星的遊行活動。例如：二〇〇二年就有同志至國防部抗議性別認同障礙者沒有當憲兵的資格。

40 最早是由舊金山藝術家吉爾伯特．貝克（Gilbert Baker）於一九七八年設計。

41 原為亮粉、紅、橙、黃、綠、青綠、靛青、紫等八種顏色，後來簡化為紅、橙、黃、綠、藍、紫等六種。

「我是從二〇〇二年開始負責同志遊行的。東京的遊行從一九九四年以來，前前後後共辦了三次，中間因為一些問題而停辦過一陣子。直到二〇〇〇年才又開始，我是在重新舉行後的第三年加入營運團隊的。」

從二〇〇二年到現在，山縣一直是東京驕傲遊行的靈魂人物。

接下來，讓我們透過採訪，聽他回顧日本的同志遊行史，同時探索新宿二丁目的定位。

我交過女朋友，但在一起就是淡淡的

山縣真矢生於一九六七年一月二十四日，岡山縣倉敷市。

年幼到青少年時期就不用說了，就連去大阪念大學，或者剛到東京工作的時候，他都不曾察覺自己是同志。

「高中畢業以後，我到大阪念大學。那個時候，大阪也有堂山町這樣的同志村。我雖然隱約有所感覺，卻也沒想到自己會是個同志。所以，從來沒去過那裡逛一逛，或喝個酒什麼的。」

當時，山縣其實是有女朋友的。

「大學畢業以後，到去東京上班這段期間，我曾交過一個女朋友，但我們在一起就是淡淡的。不過，我也從來沒有想過，或許是自己性傾向的問題。我剛剛也說了，我雖然隱約有所感覺。但，當時一說到同志，大家聯想到的，不外乎是阿杉、Peako[42]或變性人藝人卡魯瑟爾等高知名度的藝人。

「因為形象實在相差太遠，所以我怎麼也連結不到自己身上去。不過，那個時候同志的話題可是正夯，市面上不僅出現許多相關出版作品，連電視劇也是一部接著一部的播……。」

一九九〇年代前期的東京，正是同志潮風起雲湧之際。

42 本名杉浦孝昭與杉浦克昭，為日本知名電影與服裝評論家的雙胞胎兄弟。

一九九一年二月，女性雜誌《CREA》（文藝春秋）當期的特輯是「一九九一年的同志文藝復興運動」。

專訪以「同志酒吧：為人處世的學堂」為題，邀請以奇裝異服引起話題的長青歌手美川憲一暢談他的人生經驗。與他對談的，還是重量級人物的黛薇夫人[43]（Dewi Sukarno）。

在這份長達四十幾頁的特輯中，還有作家谷村志穗的〈人類為何會是同志？〉，與小說評論家橋本治的〈時下女子的同志潛質〉等散文，正向探討同志的議題。

該特輯引發社會大眾熱烈迴響，各大電視或報章雜誌也紛紛跟進。

於是，同志不再是世人嘲諷的對象。在媒體的報導下，反而一舉顛覆過去的形象，成為知性且進步的象徵。

除此之外，前面所介紹的《Badi》，也於一九九三年十二月創刊。

這本雜誌雖然是繼《薔薇族》、《亞頓》、《三仔》、《參孫》與《男同志》之後的第六本刊物。不過，甫一推出便擄獲同志的心，在百花綻放中，成功掀起同志雜誌的風潮。

從雜誌到電影的同志運動

伴隨著《Badi》的創刊，日本電視臺也在一九九三年十月推出《同窗會》，正面探討同志文化。

這檔連續劇，雖然選在週三晚上十點的黃金時段播放，不過劇中幾場傑尼斯男團TOKIO（東京小子）前成員山口達也與西村和彥激烈的床戲，卻成了街頭巷尾的熱門話題。

除此之外，日本知名搖滾樂團 Mr.Children 唱的電視劇主題曲〈CROSS ROAD〉也連帶一炮而紅。

甚至有此一說，每到週三，新宿二丁目就看不到半個人影，可見此劇受歡迎的程度。

---

43 一九六二年成為印尼前總統蘇卡諾的第三任夫人；於一九七〇年代進軍日本演藝界。

「那個時候，市面上到處都是同志題材。例如，橋口亮輔執導的電影《二十歲的微熱》，或者以變裝皇后為主角的海外作品《沙漠妖姬》（*The Adventures of Priscilla, Queen of the Desert*）；書籍方面則有《別冊寶島》的三部曲。」

山縣口中的《別冊寶島》三部曲指的是，JICC出版局（現在的寶島社）發行的《同志的贈禮》、《同志的玩具盒》與《同志的學園天堂》。第一部曲《同志的贈禮》的副標是「同志的文化，讓同志說給你聽！」封面文字則如下：

GAY的歡愉
GAY的美麗
GAY的豐富
所有的悸動，邀您共同分享！

這三部曲就如同封面文案所呈現的，完全捨棄過去譁眾取寵的風格，或者煽情路線，僅以簡單文字傳達同志的魅力。

其中，又以第一部的《同志的贈禮》涵蓋層面最廣。書中詳細且豐富的介紹各種同志題材，例如服飾、藝術，漫畫、電影、音樂、戲劇或文學等各種領域。

這本書雖然是舊作，但至今仍然值得一讀。

這三部曲對於山縣來說，可說是影響深遠。

「《別冊寶島》的三部曲除了描述同志的發展史，還詳細記載了美國的同志運動。我都不知道讀過幾次。除此之外，橋口老師的電影也相當令人感到震撼。」

山縣口中的橋口老師，是指專拍同志電影的導演橋口亮輔。一九九三年上映的《二十歲的微熱》，描述的是一位因迫於生計，不得不出賣肉體的男大生。二〇〇二年的《哈希！》（*HASH!*）則是描述一位想要孩子的單身女性，與同志伴侶間微妙的三角關係。

橋口算是日本電影界中，少數專拍同志題材的導演。另外，在《哈希！》一片中，他還親自上場軋了一角。

山縣接著說：「當時，影響我最深的應該是伏見憲明寫的《同志私生活：角色戀愛論》。我在讀這本書的時候，發現很多地方都與青春年少的自己重疊，就好像有人在背面推了一把似的，讓我不禁懷疑：『啊，難道我也是？』」

伏見在一九九一年推出的處女作《同志私生活：角色戀愛論》，對於一九九〇年代以後的同志運動產生極大的影響。

作者以一篇「變態宣言」開宗明義的表示，「普通」從來不是他追求的人生目標，也拒絕迎合社會標準，以及制式化的生活方式。即便在世人眼中是個「變態」（按：指不同於一般人），他仍堅持走自己的路。這段話是如此鏗鏘有力，給當時的同志帶來莫大的勇氣。

除此之外，作者還特地為非同志族群，詳細解釋男同志、Homo（按：同性戀，帶有歧視意味）與娘炮的不同。因為，內容提到了許多一般人對同志都會有的誤解，這本書說是同志圈的經典作也不為過。

山縣也是因為這本書意識到自己的性傾向。於是，他便參照雜誌的介紹，鼓起勇氣大膽行動。

「那個地方早拆掉了。以前新宿的歌舞伎町，有一個專門播放同志影片的電影院，叫作『新宿玫瑰』。那個時候，還沒有網路，也不能上網。當我在雜誌上知道這家電影院以後，就鼓起勇氣走了進去，因為我知道那裡就是所謂的獵豔場所……。」

他第一次踏進這家電影院，就結識了一名男性。

「我們當天就去旅館了。那是我生平第一次與男人發生關係。老實說，我本來就好奇跟男人發生關係到底是怎麼一回事？等到自己親身試過以後，才發現原來自己喜歡的是男人。對方是一個非常好的人，到現在我們仍是朋友，也是他帶我去新宿二丁目的。」

山縣比較晚熟，也出櫃得晚。一直到二十五歲以後，他才正式敲開新宿二丁目的大門。

大家都結婚生子，但我廣交同志朋友、發起彩虹遊行

他笑著說：「剛往新宿二丁目跑的時候，每天都興奮的不得了。那個時候，雖然才剛出社會不久，薪水也不高，不過還是每個禮拜去個兩、三次。我就是想跟大家打

成一片。例如，讓媽媽桑記得我，或者跟那裡的常客交朋友什麼的。那段時間，整天不是去酒吧晃、就是在同志雜誌的交友欄碰機會。」

網路推出以前，同志交友只能去酒吧找對象，或者在同志雜誌的交友欄上留言。

他雖然也交過女朋友，最後卻都不了了之。在認真面對自己的性傾向以後，他總算找到一個舒暢安心的地方。

「其實二十五歲過後，看著同學們一個一個的結婚，我心中不免也有些疑惑。後來，我想了很多，回想起青春期的種種，自己是同志的這個想法才越來越強烈。當我鼓起勇氣去電影院找伴以後，這才終於接受自己的性傾向。後來，私底下往來的朋友也大多是在新宿二丁目認識的。」

平常下班以後，他習慣去二丁目的同志酒吧找朋友；一群人還組了個網球隊，放假的時候，大家就一起流汗、一起玩。

他不僅參加過酒吧的網球大賽，還加入ＬＧＢＴ社團「TOGETHER」，與其他同志開誠布公的聊一聊生活或煩惱等。

漸漸的，他在新宿二丁目拓展出人脈，而這些人脈後來也成為他推動東京彩虹驕傲的助力。

「對我來說，獵豔場所就是去結識炮友的。不過，當我在二丁目的同志酒吧認識一些朋友，或者志同道合的人之後，才發現那裡更是自己的心之所向。」

山縣的同志之路雖然比一般人來得晚，不過新建立的人際關係，讓他更經常往新宿二丁目跑。

「剛開始，我還擔心那個地方會不會很恐怖？其實完全不是那麼一回事。同志酒吧不只好玩，又可以認識到不少朋友，這真的很有意思。有時候我一個禮拜還會去個三、四次。或許潛意識裡，想替自己已逝的青春撈回本吧！」

這些交際讓他的人脈越來越廣，沒多久便開拓出一個全新的世界。

就在這個時候，新宿二丁目正計畫舉行一場盛大的活動。

同志驕傲遊行的多舛之路

東京彩虹祭[44]——。

二十世紀最後的一年，也就是二〇〇〇年，有一個傳奇祭典，讓新宿二丁目成為一個貨真價實的同志社區。當天的盛況至今仍然讓人們津津樂道。

新宿二丁目雖然有二丁目町與仲通商店街兩大商圈聯合會，不過為了要辦這個活動，後來又有了另一個組織，也就是現在的新宿二丁目振興會。

這個活動並不是普通的商圈祭典，對於ＬＧＢＴ而言，更是劃時代的一大盛事。ＬＧＢＴ長期以來生活在陰暗裡，從來無法光明正大的出現在世人面前。但這次活動，不僅讓他們發出內心的吶喊，還吸引思想、性傾向皆不盡相同的各路人馬；同時也讓新宿二丁目形成一個同志與非同志和平相處的自由所在。

當時為這個活動奔走的，就是文化人類學博士砂川秀樹。

這是砂川從無到有、一點一滴打造出來的同志運動。後來，砂川還因此出了一本力作《新宿二丁目的文化人類學：從同志社區遙想都市的未來》（太郎次郎社）。

不少報導對於當天四面八方湧入的群眾，臉上的盡興與雀躍之情都有生動的描述。接下來，讓我們摘錄其中片段，一窺當時的盛況。

二〇〇〇年，八月二十七日。這一天，對日本同志而言，絕對是難以忘懷、歷史性的一天。除了國際規模的同志遊行、新宿二丁目祭典以外，主辦單位還推出各項劃時代的企劃，像是包下整間旅館，或是加強與社區、市集的互動等；相較於一九九〇年代，今天不僅令人歡欣鼓舞，數千名群眾用實際行動齊聚一堂，更在日本丟下一顆震撼彈。

44 臺灣同志遊行（Taiwan LGBT Pride），遊行首次舉辦於二〇〇三年；二〇一五年的參與人數達到七萬八千人，二〇一九年的參與人數更是高達二十萬人；二〇二〇年，以「成人之美」為主題，並於該年十月三十一日舉行。

——《Badi》，二〇〇〇年十一月號

「真是令人難忘的夏天！」往後回想起今年的夏天，大家一定會如此感嘆吧！而今年夏天在東京的種種，將成為二十一世紀的里程碑——這是為開創而做的開創。

在二十世紀最後的夏天，我們將掀起一場風起雲湧。

——《G-Men》，二〇〇〇年第五十六期

除此之外，在一九九〇年代的同志運動，總是不落人後的伏見憲明，也掩蓋不住興奮之情。以下是二〇〇〇年十一月號《Badi》的部分訪談。

同志運動終於在驚濤駭浪之中結束了。今年夏天除了電影節、音樂祭等各種與同志議題相關的活動以外，還舉辦了二〇〇〇年東京男同志與女同志大遊行與新宿二丁目祭典。這次活動的規模之大，對後世的影響絕對不是短期的。因為參與的人事物實

在太多，不僅意義深遠，更是躍時代的進步與嘗試。

至少，對我來說，現階段還無法總結這次運動的成果。特別是當天的遊行與二丁目的祭典，即便是長期參與解放運動的我，印象也非常深刻，甚至說是有史以來最大的同志活動也不為過。現在回想起來，彷彿一場仲夏之夢，這絕對不是一句太精彩所能形容的。

作為日本同志運動的先鋒，伏見都用「仲夏之夢」來形容，可見當時的激動、興奮與感謝之情。雜誌還如此描述：

「當臺上介紹到一些微不足道的小插曲時，即便是我也忍不住痛哭失聲。由此可見我當時心中如何的感動（鐵漢也有柔情）。」

整個一九九〇年代，伏見一直都是同志運動的先鋒。這種開疆闢土的感動，不知經歷過多少次，他卻從來不曾在人前嚎啕大哭。

然而，在八月二十七日活動結束的那一刻，他卻忍不住流下男兒淚。他的激動讓參與這場盛會，有頭有臉的解放運動人士也不禁熱淚盈眶。二丁目的仲通路上滿是人潮，大家就像是參加露天演唱會似的，來個同志大合唱。這樣的場景在日本還真的是前所未見。

「每次回想起當天的情景，就讓人激動不已（遊行過後的數日，仍有不少人跳脫不出當時的情緒）。在這股亢奮情緒中，我唯一敢說的是，二〇〇〇年八月二十七日，這絕對是日本同志圈歷史性的一刻。

「沒錯，就在這個夏天，一個真正的同志社區就此誕生。」

這一段話，充分顯現出伏見當時的興奮與激動。

資金、意見分歧，讓「東京彩虹驕傲」崛起

日本的同志遊行曾因為內部意見不合，而中斷過一陣子。幸運的是，在二〇〇〇年重新推出，而且還是大成功。如同前面介紹的，山縣是在遊行復活後的第三年，也就是二〇〇二年加入營運團隊的。

「我本來在一家專攻音樂領域的出版社上班。剛好那個時候離開公司，決定自己接案子。十幾年下來，只要是跟編輯有關的案子，我幾乎都會接，像是雜誌的校對。

「其實，雜誌社的外包還蠻好賺的。一個月的案子，只要工作兩個禮拜就能賺到一個月的生活費。如此一來，我也就有多餘的時間籌備同志的社區活動。」

山縣在成為個體戶、有更多私人空間以後，第一個經手的是ＨＩＶ的宣導活動。

「離開公司的那一陣子，我也不是一下子就投入同志遊行的。因為長谷川的邀請，一開始我是在二丁目的愛滋權促進協會（Men & Sexual Health，簡稱ＭＡＳＨ），擔任ＨＩＶ宣導活動的志工。

這個地方就是現在的阿克塔同志情報中心（akta，日本ＨＩＶ及愛滋病防治平臺

兼情報中心）。那個時候，我主要負責ＨＩＶ篩檢的宣導活動以及相關諮詢。此外，也在飛行舞臺（Flying Stage）的同志劇團幫忙過一陣子。我是在手頭稍微寬裕以後，才開始加入遊行規畫的。

山縣口中的長谷川，就是第一篇故事提到的長谷川博史。而阿克塔又是怎麼一回事？讓我們看一看山縣擔任《BEYOND》總編輯時，第五期的報導怎麼說。

二〇〇三年八月
同志情報中心「阿克塔」正式成立

就在大阪瑪西（ＨＩＶ宣導中心）於堂山町開設「迪斯塔」（dista，Drop in Station），提供同志另類交流空間的第二年，也就是二〇〇三年八月，愛滋病預防財團在新宿二丁目成立了阿克塔同志情報中心，藉以全力推廣愛滋病的預防及治療。

而後，有鑑於組織重整，因而將東京瑪西（二〇〇〇年）併入「虹圈」（Rainbow Ring，成立於二〇〇二年六月）。之後，二〇一二年，因阿克塔轉為非營利組織，原先的同志交流中心，便重新以「新宿二丁目公民館」的型態，提供給社會大眾使用。

如同以上報導，這個情報中心改為新宿二丁目公民館以後，除了以各式活動、講座與展示會，吸引市民參與以外，ＨＩＶ的資料也極其豐富，堪稱同志圈的資料庫。不過，幕後功臣還是長谷川多方奔走，同時爭取到國家補助。

歷經二〇〇〇年夏天、那場空前絕後的同志運動以後，二〇〇一年的遊行也相繼圓滿落幕。

當時的同志遊行情勢大漲，山縣在經濟條件穩固以後，便加入二〇〇二年的遊行規畫。而一切要從二〇〇一年底，當時有人邀他共助一臂之力說起。

「當時的執行委員會，是飛行舞臺劇團的團長兼委員長的關根信一。我便想，如果是關根帶隊的話，我絕對是義不容辭，所以才與那次的遊行搭上線的。」

飛行舞臺劇團自一九九二年關根創立以來，就打著同志劇團的名號，推出了一系列與同志議題相關的舞臺劇。關根除了負責編導以外，有時也會粉墨登場，獨挑大梁。二〇〇六年甚至榮獲「Sun-Mall Studio[45]」年度女主角獎。

當他決定加入遊行的營運團隊以後，每天便忙得不可開交。

「每週日的中午到傍晚，我在二丁目一家 MEZZO FORTE 同志酒吧，借用他們開店前幾個小時的時間，與委員會成員開會討論。那段時間為了事前的準備工作，每天忙到焦頭爛額，不過幸運的是，最後總算如期舉行。」

然而，這個一年一度的同志遊行，卻無法在二〇〇三年、二〇〇四年如期舉行。關於中斷的理由，山縣表示：

「唉，就是找不到執行委員長。那個時候，是先鎖定委員長，再從他的朋友圈，或者找一些有經驗的人進入委員會的。所以，找不到委員長的話，就什麼也決定不了，一切營運只能停擺。當時，我就覺得這樣子耗下去可不行，所以才另外成立『東京驕傲』。」

可是如同他所說的，問題的本質不改，東京驕傲也就很難撐下去。雖然中間也有過幾次改組，不過還是原地踏步。

成員的意見紛歧、找不到接班人，甚且資金的調度等都是導致組織潰敗的原因之一。然而，這些也都是每個組織的必經之路。

由非營利組織東京驕傲主辦的遊行在二〇一〇年畫下句點。同時，在二〇一一年宣布解散。

然而，儘管遭遇種種挫折，山縣等人仍然在二〇一一年成立東京彩虹驕傲，選擇東山再起，並且順利營運至今。

二〇一二年四月，他們推出第一屆「東京彩虹驕傲遊行二〇一二」。

「在外人看來，日本的同志遊行當時正處於分裂的局面。大家原以為二〇一二年會有兩個遊行，不少人因為無法選邊站，只好採取觀望的態度。在這些因素的影響下，讓二〇一二年東京彩虹驕傲的遊行人數不如預期，只有一千五百人上下。不過，

45　一家位於新宿二丁目的小型劇場。

無論如何，我們也算是踏出第一步。」

日本的同志遊行在「每三年就辦不下去」的魔咒下，遲遲無法有哪個團體能夠穩健的走下去。

然而，二〇一二年總算催生出東京彩虹驕傲，並且持續營運至今。那一年的遊行結算下來雖然是赤字，但至少邁出了第一步——這個結果讓所有的參與者都吃了一顆定心丸。

舉辦彩虹週，終於由虧轉盈

「我之所以成立東京彩虹驕傲，就是希望有一個組織，能讓日本的同志遊行持續舉辦下去。」

二〇一二年，東京彩虹驕傲總算讓日本同志遊行重見江湖。而為這個活動到處奔波的山縣，本來打算大功告成後就辭職引退。

無奈的是，人在江湖身不由己。

「二〇一二年遊行結束以後，我原本打算放手讓年輕人去做，所以便選擇退出了。不過，說來慚愧，那個時候又因為人事糾紛，一直搞不定由誰主導。結果，就有人跳出來說：『再這樣下去不行，還是得勞煩你了。』」

山縣接任代表以後，第一要務就是改善營運狀況。

換句話說，他的目標是如何擺脫第一屆的赤字，並且由虧轉盈。而助他一臂之力的，是當時任職於電通公司，而且還是非營列組織 Good Aging Yells 代表的松中權。山縣回憶當時的情景，這麼說：

「我接棒後的第一個念頭，就是如何讓明年的遊行不虧錢。所以，重點就是想辦法募款了。就在我跟松中討教的時候，他幫我出了個點子：『嗯，辦個東京彩虹週，如何？』」

所謂的「彩虹週」，就是將原來只辦一天的祭典拉長，同時擴大規模，吸引更多人參加。

「於是，我便參照松中的提議，將活動期間由一天改為一週。沒想到，這個調整幫我們拉到更多企業贊助，甚至是募款。」

二〇一三年一月，非法人團體的東京彩虹週終於成立。當時的代表是現任非營利組織東京彩虹驕傲的共同理事杉山文野。當然，山縣也是核心人物之一。

沒想到這個嘗試竟然小兵立大功，成果超出眾人的預期。

相較於前一年的參與人數，也就是二〇一二年的四千五百人（其中含遊行人數一千五百人），這一年的活動人數急速攀升到一萬兩千人。遊行人數也高達兩千一百人。這個漂亮的成績，讓他第一年便成功將活動營運轉虧為盈。

之後的參加人數也逐年增加，例如二〇一四年有一萬五千人，二〇一五年高達六萬人。接下來，讓我們看一看在二〇一二年到二〇一九年這段期間中，活動內容與動員人數的變化。

東京彩虹驕傲二〇一二

● 日期：二〇一二年四月二十九日。

- 地點：代代木公園活動廣場與露天舞臺。
- 主題：Power of Rainbow（彩虹的力量）。
- 參加人數：四千五百人（遊行一千五百人）。

東京彩虹驕傲二〇一三

- 日期：二〇一三年四月二十七日至五月六日。
- 遊行與祭典：二〇一三年四月二十八日。
- 地點：代代木公園活動廣場與露天舞臺。
- 參加人數：一萬兩千人（遊行兩千一百人）。
- 特別來賓：流行樂歌手野宮真貴＆BIBA、歌手兼演員中村中。

東京彩虹驕傲二〇一四

- 日期：二〇一四年四月二十六日至五月六日。
- 遊行與祭典：二〇一四年四月二十七日。

● 地點：代代木公園活動廣場與露天舞臺。
● 主題：人生多元，愛的形式也多元。
● 參加人數：一萬五千人（遊行三千人）。
● 特別來賓：歌手兼演員夏木麻里（GIBIER du MARI）。

東京彩虹驕傲二〇一五

● 彩虹週：二〇一五年四月二十五日至五月六日。
● 遊行與祭典：二〇一五年四月二十五日、二十六日（二十六日遊行）。
● 地點：代代木公園活動廣場與露天舞臺。
● 參加人數：六萬人（遊行三千人）。
● 特別來賓：模仿藝人清水美智子、歌手兼演員IMALU。

東京彩虹驕傲二〇一六

● 主題：BEYOND THE RAIBOW（彩虹的彼端）。

- 彩虹週：二〇一六年四月二十九日至五月八日。
- 遊行與祭典：二〇一六年五月七日、八日（八日遊行。）
- 地點：代代木公園活動廣場與露天舞臺。
- 參加人數：七萬五百人（遊行四千五百人）。
- 特別來賓：流行樂歌手恰拉（Chara）。

東京彩虹驕傲二〇一七

- 主題：CHANGE——改變未來的力量。
- 彩虹週：二〇一七年四月二十九日至五月七日。
- 遊行與祭典：二〇一七年五月六日、七日（七日遊行）。
- 地點：代代木公園活動廣場與露天舞臺。
- 參加人數：十萬五千人（遊行五千人）。
- 特別來賓：知名歌手與演員中島美嘉。

東京彩虹驕傲二〇一八

- 主題：LOVE & EQUALITY～愛與平等。
- 驕傲週：二〇一八年四月二十八日至五月六日。
- 驕傲祭典：二〇一八年五月五日、六日（六日遊行）。
- 地點：代代木公園 活動廣場與露天舞臺。
- 參加人數：約十五萬人。
- 第一天（五月五日）：六萬人。
- 第二天（五月六日）：八萬人。
- 遊行（五月六日）：七千人。
- 活動期間：七十幾項活動，約五千人參加（含前夜祭一千人）。
- 特別來賓：濱崎步。

東京彩虹驕傲二〇一九

- 主題：I HAVE PRIDE——我就是我的驕傲。

- 驕傲週：二〇一九年四月二十七日至五月六日。
- 驕傲祭典：二〇一九年四月二十八日、二十九日（二十八日遊行）。
- 地點：代代木公園活動廣場與露天舞臺。
- 參加人數：約二十萬四千人。
- 第一天（四月二十八日）：約十二萬人（含遊行人數）。
- 第二天（四月二十九日）：約八萬人。
- 遊行（四月二十八日）：一萬九百一十五人。
- 活動期間：七十幾項活動（約四千人參加）。
- 特別來賓：嘻哈團體 m-flo、清水美智子、歌手青山黛瑪、流行音樂團體星期三的康帕內拉等。

（※東京彩虹驕傲二〇二〇，因新冠肺炎的影響宣布取消。二〇二一年，則於四月二十四、二十五日，改為虛擬線上活動。）

東京彩虹驕傲之所以順利推動，還要多虧搭上時代的潮流。

「我想最大的轉機應該是二〇一五年吧！該年三月，日本國會議員成立了一個『ＬＧＢＴ相關課題探討跨黨派議員聯盟』，積極舉辦各種研討會或意見交流等。同一時間，東京澀谷區通過了同性伴侶的相關條例，而後世田谷區也接著跟進；十一月，澀谷區與世田谷區同步接受同性伴侶的結婚登記，開立官方的證明書。

「我覺得正是這樣的時代氛圍，讓社會大眾意識到ＬＧＢＴ的存在。因此，只要是東京彩虹驕傲舉辦的活動，不論在參加人數或企業的贊助，都有驚人的成長。」

雖然我們無法確定政界對於ＬＧＢＴ的關心，是否出於選票考量，或者當真基於人權意識，想要改變日本國內的現況。

無論如何，山縣等人都在時代的潮流下，順勢而起。

當時推行同性伴侶條例的地方政府，雖然寥寥無幾。即便如此，也刺激到企業敏銳的觸角。其中，率先採取行動的是壽險業者。

「澀谷區與世田谷區實施同性伴侶條例以後，第一個響應的首推壽險公司，沒多久市面上就推出了同性伴侶也能成為受益人的保單。儘管當時日本各大企業仍在觀望階段，但 Lifenet 保險公司（LIFENET INSURANCE COMPANY）已搶先一步，主動贊助各項同志活動。在這個風向的推波助瀾下，多元文化形成各大品牌建立形象的一環。於是，對於企業而言，贊助ＬＧＢＴ運動便成為有利無弊的投資。」

日本因為山縣這些人的奮鬥不懈，才讓社會一點一滴的改變。

多元文化不只是一種流行，企業也愛跟進

如同前面的介紹，二〇一九年的東京彩虹驕傲成績驚人，創下二十萬人參與的紀錄。

翻開當時的官方指南，冠名贊助的企業多達三十一家。

例如：能量神碳酸飲料 Cheerio、網際網路公司賽富時（Salesforce）、新創人力公司 BizReach、簡保生命保險、Levi's、世嘉颯美控股（SEGA Sammy）、寶盛證券（MONEX BOOM）、人力資源公司 Indeed、Gap Japan 與美國國際集團（簡稱

ＡＩＧ，金融公司）都洋洋灑灑的名列其中。

除此之外，這次的同志驕傲遊行也破紀錄的吸引五十二家團體共襄盛舉。其中，包含丸井集團、日本電信ＮＴＴ集團、日本ＩＢＭ、Google、樂天等龍頭企業。接下來，讓我們來看看各企業的贊助聲明。

【丸井集團】

丸井集團素來以造福社會為理念，任何年齡、性別或身體特徵的人，都是我們的服務對象。如此難得的經驗，讓我們共襄盛舉！

【ＮＴＴ集團】

打造一個無關性傾向或性別認同，人人均可自由工作的組織與社會，一直都是ＮＴＴ的目標。雖然這是敝公司第一次參加東京彩虹驕傲活動，但全體同仁都將為這次的遊行加油打氣！

【日本ＩＢＭ】

ＩＢＭ作為業界前鋒，向來非常重視ＬＢＧＴ議題。除此之外，也配合政令引進同性伴侶制度。因為多元化就是ＩＢＭ的ＤＮＡ。謹藉此次活動，邀請ＩＢＭ員工共襄盛舉！

【Google】

彙整全球資訊，讓世界各地用戶隨時隨地上網，就是 Goolge 的企業使命。因此，Google 全力支援多元文化。

【樂天股份有限公司】

「Believe in the future」——相信未來，打造美好明天。

樂天不僅尊重員工的多元性，長期以來，亦致力於打造互相尊重且舒適的工作環境。希望藉由此次的機會，與大家共同努力，打造多元化社會。

從以上的企業聲明不難看出，就像山縣所說的，贊助ＬＧＢＴ運動對於企業而言，是一項有利無弊的投資。

大多數企業主打多元文化訴求，無非是為了落實一個沒有歧視或偏見，人人都能自由自在生活的社會。

因此，對於企業而言，贊助東京彩虹驕傲的ＬＧＢＴ運動不僅是人權宣言，同時也象徵消除歧視。

山縣接著強調：「企業的積極參與，除了讓多元文化或及包容性成為流行口號，企業就業規則的改變，同時也促使地方政府實施同性伴侶制度。就是這樣，讓整個局勢越來越好。」

總歸一句，就是水到渠成。

不論世界如何改變，新宿二丁目仍是同志的歸屬

自從山縣接任東京彩虹驕傲的代表以來，確實交出一張漂亮成績單。當我問到

今後如何布局的時候，他一臉平靜的說：「嗯，我覺得最重要的還是吸引更多人參加吧！不過，問題是現在的場地容量……老實說，就現在的場地而言，已經非常飽和了。例如二〇一九年的黃金週，我們雖然在代代木公園包下兩天，還是擠得水洩不通。

「這要是紐約的話，參加人數至少都有一百萬、甚至兩百萬人；遊行的人數也是以一百萬或兩百萬起跳。從這個層面來看，日本的同志驕傲遊行還有很大的進步空間。雖然想擴大遊行的規模，卻找不到那麼大的場地，這就是我目前的最大課題。」

事實上，山縣還有一個不為人知的目標。

「國外在舉辦遊行的時候，一般都會封鎖周邊的馬路。而日本遇到淺草的森巴嘉年華，或者高圓寺的阿波舞祭[46]之類的大型活動，地方機關也會配合當地的工商會維持秩序。我的願望就是哪一天，東京彩虹驕傲的活動也能成為一個觀光資源，獲得

46 源於日本德島縣的一種盆舞，以三味線、太鼓、鉦鼓、篠笛以二拍子節奏伴奏，搭配舞蹈者的聲音及手部動作的集體舞蹈；也被稱為「傻瓜舞」。

地方的大力支持。」他接著苦笑：「不過，我也知道難度很高。」

隨著日本驕傲遊行步上軌道，時代的潮流也逐漸改變。

話說回來，山縣眼中的二丁目，又是怎麼樣的街貌？

「其實，其他亞洲人對於二丁目的嚮往，絕對超乎我們的想像。不管是中國人、韓國人或者臺灣人，都會說：『有機會去日本的話，第一個想逛的就是新宿二丁目。』當然，這個地方對於歐美人士來說，也很有魅力。我總是想，這麼好的賣點白白浪費，多可惜啊。」

新宿二丁目的特殊性——錯落有致的街道所特有的迷人風情。

「世界上應該找不到像新宿二丁目這麼個地方，彈丸之地卻擠滿大大小小的酒吧。每家店都有自己的特色，例如熊控之類的。而且，女同志酒吧也越來越多。嘿，還有火鍋店呢！欸，就這麼點地方耶。就某種意義來說，或許這是日本性少數群體孕育出的特有文化。不管交友軟體如何的發達，這個地方還是有它無法取代的邂逅或樂趣所在。」

山縣接著說：「……跟從前比起來的話，人際關係或許淡薄許多。不過，對於某些人來說、只要來到這裡就有回到家似的，全身放鬆。我相信二丁目是絕對不會沒落的。無論人群如何來往，氛圍如何變化，人際關係如何改變。對我或大部分的人來說，這裡永遠是我們的地盤。嗯，至少我是這麼想的。」

無論人來人往，世道如何改變，新宿二丁目依舊是新宿二丁目。

沒錯，新宿二丁目確實變了。

不過，卻永遠沒有結束的一天——山縣心中這麼相信著。

猫
マヤー
DESIRE
3F
Mamma Mia!
MARKLAND
篠原米店
Free Style
仲通り
キヤマン
B1
消火栓
1,980

Episode 7

變與不變之間，活出自己最喜歡的樣子

各有各的風情樣貌，
各有各的愛恨情仇，
每個人都抱著各自的情懷，在這個地方度日安生。

某天晚上，我突然想去律媽的女王吃點什麼，到了新宿二丁目的時候，都晚上八點多了。不過，從樓下往上看，店裡卻是一片漆黑，還沒營業的樣子。

等到我上樓，到了店門口以後，才想到：「對喔，來早了。他們凌晨才開門。」

那個時候，我實在餓扁了，而且晚上還要加班，所以就在附近找家拉麵店，點了一杯啤酒和一碗味噌拉麵。

這家店雖然開在新宿二丁目，不過也就是一家普通的拉麵店。非但和LGBT扯不上邊，老闆還是一位很愛聊天的中年大叔。

店裡的客人，除了我與那位中年大叔老闆以外，另外還有三位看起來像是上班族的男性。

電視上播放著綜藝節目，螢幕裡的藝人在海外街頭，嘻嘻哈哈的搞笑。那幾位上班族卻是一臉疲憊，面無表情的默默吃著拉麵。

我一邊等著拉麵，一邊喝著啤酒。

這個時候，外頭一片寂靜。雖說是平日，但街上幾乎看不到行人。照理來說，晚上八點過後應該車水馬龍。即便自己也約莫知道是怎麼一回事，還是不免一陣唏噓（不是吧，這還是那個新宿二丁目嗎？）。

店外的寂靜，讓電視機裡女明星的嬌笑聲顯得聒噪。

我因為對著電視機的關係，不清楚到底播些什麼內容。只能聽著電視傳來的陣陣笑聲，一邊將啤酒往玻璃杯裡倒。

過沒多久，我的拉麵上桌了。在動著筷子的同時，我不禁回想起過去這段採訪的日子。

坦白說，新宿二丁目這個地方總令我有些緊張。

其實，每個禮拜我都會到新宿喝個幾天，只不過以三丁目、歌舞伎町、黃金街或百人町（按：多外國人居住）居多，二丁目還真的很少去。

我在新宿三丁目雖然有幾家常去的店，距離也不遠，卻鮮少踏進新宿二丁目。

我既不是LGBT，也不是學者，只是一個路人甲

後來，在因緣際會下，倒讓我常往新宿二丁目跑。

二〇一八年（平成三十年）的某個春天，一位編輯老朋友突然問我：「我們想出一本關於新宿二丁目的書，有沒有興趣啊？」

我當下的直覺是，自己跟這個地方既毫無淵源，也沒有特殊的情感，能寫些什麼啊？不，應該說我有這個資格嗎？我覺得比我適合的人大有人在。

當我猶豫不決，遲遲無法回覆的時候，這位老編實在看不下去，就勸說：「換個角度想，你就是幾乎不來新宿二丁目，才能以中立的角度觀察這個地方，或者與其他地方的不同之處啊。就因為你不是ＬＧＢＴ，才能客觀的看待這個地方，不是嗎？」

嗯，他大概就是這麼勸我的。

聽了他的一番話以後，我突然改變想法：「如果從自己的觀點，寫下我眼中的新宿二丁目，應該還行吧？不妨寫寫看？」儘管不知道自己有幾分能耐，但還是下定決心試試看。

從那個時候開始，我就大量汲取與新宿二丁目相關的各種書籍，並且同時開始彙整資料。

除此之外，只要去新宿喝酒，也盡可能的往二丁目跑。有時候，我還會逛一逛觀光或混合型酒吧，隨便找人搭訕聊天（大多是黃色笑話）；有時候還會去七彩霓虹的同志專賣店，看一些男同志互相愛撫的錄影帶或雜誌等，給自己惡補一番。

然而這些努力都不能說是採訪，只能說是「前置作業」，就好比開車的時候，先發動引擎暖一下車一樣。

等到「熱身」完畢，我才開始為寫書而進行採訪。

＊

首先，我設定了一個主題，然後到處問：「你覺得新宿二丁目是個怎麼樣的地方？」我採訪的地點基本上也是在二丁目。透過訪談，我聽到不同的人生故事，以及每個人對這個地方的執著與愛恨情仇。不知不覺間，我竟為此深深著迷，甚至已無法自拔。

但每踏入新宿二丁目，我總有一股無法釋然的落差，而且很難用言語來形容。有好一段時間，我都不能說出個所以然來。

不過，如果真的要用一句來形容的話，應該就是二丁目已經不是我所認識的新宿二丁目了。

如同前面說過的，平常沒事的話，我是不會來這裡閒晃的。所以，我也常常捫心自問：「自己到底對這個地方了解多少？」今天若發問者是一個深愛這裡的人，恐怕我也回不上話。

我只能說，過去我所認識的新宿二丁目，絕對不是現在這個樣子。甚至可以說，新宿二丁目的時代已經結束了。

相較於過去的新宿二丁目，現在的街區明顯缺乏生氣，且路上到處都是外國人。對於現在來說，這或許是景氣大好的證明，不過這在一九九〇年代，甚且二〇〇〇年代的新宿二丁目，都是看不到的景象。

除此之外，週末雖然還看得到人潮，不過一到平日，卻安靜得嚇人，只有小貓兩三隻。與全盛時期相比，路上的行人明顯少很多。

透過採訪，我聽到許多愛上這個地方並從中獲得救贖，或人生因而療癒的故事。在對話時，我總忍不住想說：「二丁目早就結束了。」卻總是欲言又止。

於是，我只能將想法埋藏於心底，繼續採訪。然而，每當我完成採訪時，罪惡感卻油然而生。雖然我很清楚，即便是口頭採訪、或者訴之於文字，也無須全盤肯定訪談者的觀點；適時的提出一些否定的想法，反而更能激發出新的觀點，甚至讓採訪主客易位，得出不一樣的內容，但我仍然無法抹去心中的那股罪惡感。

不過，說不定這樣的矛盾反而是本書的關鍵，就像老編說的：「你幾乎不來二丁目。」所以，我看出去的人事物才不一樣，不是嗎？

於是，我開始改變自己的想法。

我既不是ＬＧＢＴ，也不是什麼人文學者，一個路人甲來到這個地方有什麼感想？這才是本書的主題，不是嗎？不知不覺中，我開始這麼想。不，應該說逼著自己這麼想。

人們對「你這樣就是歧視」的誤解，難解

我剛開始接觸新宿二丁目，約莫是一九九〇年代後期到二〇〇〇年代後期左右。其實，「接觸」這個詞彙還不夠精準。正確來說，是「被壓著去」。剛開始，一個月我也去不過幾次。不知不覺中，竟然每兩天就往二丁目跑。

大學畢業以後，我在一家出版社工作。對於我們這些職場小白來說，公司前輩全身上下都散發著一股昭和氣息（按：日本古早懷舊的代名詞）。不論大哥還是大姐，全是大口吃肉、大口喝酒的豪邁性格。他們總是一手抽菸、一手喝酒，熱鬧個大半夜以後，再搭乘公司簽約付費的計程車，打道回府。

當時，雖然泡沫經濟早已破滅，不過，這些老大哥、老大姐仍然整天的往六本木或麻布跑。在奢華無比的餐廳吃吃飯，或在時髦的酒吧淺嚐與自己不搭的雞尾酒，享受泡沫經濟的餘韻。意猶未盡的話，再一大票殺去新宿喝個痛快。

我們這些連東南西北都搞不清楚的菜鳥，只能乖乖的跟在後面走。

換言之，我是在身不由己的情況下，踏入新宿的黃金街與二丁目。

可是不知為何，在那裡碰到的同事越來越多。除了自己部門的前輩以外，隔壁的編輯部，或者只在公司照過面，連他們在做些什麼都不知道的人，都能這裡遇到。

那個年代還沒有手機，聯絡雖然沒有現在方便。大家卻像是約好似的，常在黃金街或新宿二丁目巧遇。

念大學的時候，我也去過黃金街；新宿二丁目倒是開始工作之後才去的。

對我來說，那裡就是同志的大本營。

不過，我的認知也就僅止於此。因為見識的淺薄，讓我不免抱持偏見與先入為主的觀念。當時新宿二丁目給我的印象，不外乎以下幾種：

（路上都是一些奇奇怪怪的娘娘腔……。）
（動不動就有人上前騷擾……。）
（不是同志的話，小心吃不完兜著走……。）
（說不定還會染上愛滋病……。）

現在回想起來，這些臆測不僅是個人偏見，還可笑到不行。

＊

話說，一九九〇年代後期的新宿二丁目，可是一副太平盛世的繁華景象。就算是平常日子，也總是車水馬龍，擠得水洩不通。只要錯過末班電車，計程車就搶手到一輛也叫不到。那個時候，看不到外國人趴趴走。前輩帶我去的每一家店也都熱鬧得不得了。

這些酒吧大都在門口掛著「會員制」，或者「僅限男性」的招牌。

我當時還納悶，這些老大哥、老大姐看起來也不像同志，怎麼老往新宿二丁目跑？

後來才知道，是因為工作上合作的化妝師、造型師或者撰稿人，不少人都是同志的關係。還有人白天是造型師，晚上在二丁目經營同志酒吧。

涉世未深的我，從大家身上學到許多人情世故，即便我不是LGBT，大家也非常照顧我，雖然有些人有時會趁著酒意出櫃。

比較困擾的是，我不過就是個陪前輩到同志酒吧買醉的小編，卻經常被隔壁桌的客人摸胯下；即使只是上個廁所，也會莫名其妙的被人從背後熊抱。

每當這個時候，我都想大叫：「媽呀，這個地方超恐怖的……。」

總要等到天空泛白，我才能從媽媽桑的鴨公嗓子，或者客人的笑鬧中獲得解放。總要坐上計程車以後，我才能輕輕的嘆息，同時鬆一口氣。

然而，即便是這樣的我，也曾跟素未謀面的同志有過爭執。

那個男人大概四十多歲。我跟他到底是怎麼吵起來的，也記不得了，大概就是一些雞毛蒜皮的小事。那個人不知怎麼搞的，就是不斷碰我。我實在忍不住，就不客氣的說：「有完沒完啊你！」這才引發事端。

他應該是喝多了，也大剌剌的回嗆：「摸一下是怎麼了嗎？又不會少一塊肉。」然後，我們就吵了起來。沒多久，那個男人突然大喊：「你這個人，就是瞧不起同志！你就是討厭我們！」

老實說，長期忍氣吞聲下來，自己也覺得受夠了，所以就不客氣的罵回去：「我不是討厭同志，我討厭的是你！」

沒想到那個男人，眼眶立刻泛淚，直嚷著：「太過分了，太過分了……。」然後奪門而出。

這個時候，只見媽媽桑的眼神突然冷了下來，其他客人也將我當成瘟疫似的。整個晚上就這麼搞砸了。

後來，我雖然還是陪著前輩往新宿二丁目跑，但再也沒有遇過那種極不愉快的場面。

對我來說，那個爭執因為是絕無僅有的經驗，才會至今仍印象深刻。算起來，那個男人現在應該也六十幾歲了吧。

不知道他人在哪裡？又做些什麼？

透過採訪寫作，讓我看見性少數的真性情

當我吃完一大碗拉麵，填飽肚子以後，離約定的行程也沒多少時間了。

於是，我結完帳以後，便穿越靖國路，快步前往定地點。

當晚的目的地是白坊。

在我結束採訪工作，準備動筆的時候，臨時起意來個回顧之旅，因此，就拜託本書的老編陪我走一遭。第一站是小近媽的白坊。這一次，我要站在觀眾的角度，一邊喝酒，一邊欣賞小近媽引為傲的舞臺秀。

這是我下筆以前的開工儀式。

我們選了個平日的晚上碰頭，到那裡已經晚上九點多。

走下一段陡峭的階梯以後，耳邊盡是鶯鶯燕燕的聲音，不過卻看不到小近媽的身影。我們到的時候，店裡才坐了七、八成。不過，沒多久就客滿了。不，不能說客滿。應該說「爆滿」，因為舞者連站的地方都沒有。我們問了一下才知道，當天是小近媽的生日趴。只見店裡到處擺滿祝賀的蝴蝶蘭，一些貴客或者豪客還大老遠的從大阪、名古屋專程趕來。

白坊雖然吵鬧，卻讓人覺得非常舒適。儘管坐在隔壁或對面，普通聲量聽不到對方在說些什麼，每個人都得拉著嗓門說話。

這種熱鬧的小酒吧，我倒是不討厭。

當天來我們這一桌敬酒的有舞者夢華、麻衣、織梨惠、瑪琳……。所有舞者輪番上陣，互相調侃以後，又像風一樣的走了。

聊著聊著，話題突然聊到變性手術，他們稱作「進廠保養」。

「其實，就醫生的水準來說，泰國、韓國，或是日本都差不多。不過呢，當真要選的話，臉部整型絕對是韓國第一，至於小弟弟嘛，就是泰國吧。所謂術業有專攻，哈哈哈。」

接下來，他們就根據自己的經驗，加油添醋的胡扯起來。

「你別看她現在是個巴掌臉，那可是做出來的。喏，就是把顴骨削一點下來，再用螺絲給固定住……。」

「對啊，就是這裡的骨頭。就好像我們小時候拿木槌敲不倒翁一樣。咚一下，骨頭就碎了一塊。」

「你瞧，一點都看不出來吧！」

「唉呦，你都不知道，可痛死我了，連覺都睡不著。」

「你還想睡？睡死你都不知道。」

「對對對，說不定睡死在床上。」

那位巴掌臉的舞者，看我聽得一頭霧水，好心的補充說：「因為用螺絲固定住顴骨的時候，整張臉會腫得跟豬頭一樣，傷口還會一直流著血。只要躺下來，那個血直往喉嚨裡竄。別說睡一下了，沒被嗆死就阿彌陀佛了。你都不知道，我可是三天三夜沒好睡過。即使再睏，也只能在椅子上瞇一下而已。唉呦，簡直是求生不得，求死不能。無法想像吧？」

剎那間，他那低沉又故作嬌媚的聲調在我耳邊迴盪不已。

老實說，一邊喝酒，一邊聽他們閒聊，還蠻有意思的。

不過，腦海中突然閃過一個念頭。

他們知道小近媽曾經放過話嗎？做個「捏捏」什麼的都可以，就是不准把命根子給割了……。

不，這條軍令應該大家都知道。只不過知道歸知道，一想到可以變成漂亮的美眉，小近媽的話似乎就被大家拋諸腦後了。

這家店自開張以來，走過大半個世紀。

不論是客人的素質，還是舞者的心態都今非昔比，不是當初那個樣子了。

後來，小近媽終於現身了。只見小近媽跟各地遠道而來為她慶生的熟客一一致謝。當她繞來我們這一桌的時候，我順道感謝她撥出時間接受採訪。小近媽親切的拍拍我的肩膀，說：「加油喔，我等著一睹為快呢！」

接著，白坊招牌的舞臺秀開始了。

這個時候，店內一片漆黑，只有鏡面球靜靜在天花板上旋轉。動人的音樂透過小近媽重金採購的音響設備，漸漸響起。現場一片鴉雀無聲，大家都屏息以待。燈光亮起以後，先是一段妖豔的舞蹈，再來是滑稽的喜劇橋段，接著是大膽裸露、香豔刺激的牛肉場。

精彩表演輪番上陣，讓觀眾看得目不轉睛，可見平時下了不少功夫。臺下一些熟門熟路的客人，早就將千圓紙鈔折成紙條大小準備打賞。而舞者們也使出渾身解數，或是擁抱、或是在臉上親吻作為回報。當天甚至還有演藝圈的大哥大來捧場。

就在客人與舞者互動時，整個白坊進入高潮。

舞臺秀結束以後，客人紛紛離席，準備回家。當我跟老編也要起身走人的時候，只見打扮華麗的舞者排排站的在門口送客。我本來想跟小近媽打聲招呼，不過她正忙著與各地來的貴客寒暄，所以我只能跟她點個頭，然後離去。

我跟老編步出酒吧的時候，才晚上十一點。因為時間還早，所以想說乾脆找個地方續攤吧！

做變性手術的忍者正宗掌門人：我們沒有不一樣

過了靖國路以後，就是新宿二丁目。

我們從白坊出來以後，決定去香茉莉喝一杯。所以，便往二丁目的地標Lumiere的方向走去。這家同志專賣店雖然不大，賣的東西還真不少，擺滿雜誌、錄影帶或者貼身衣物等。雖然時間不早了，店裡還看得到幾個男客人的身影。

從 Lumiere 拐個彎就是香茉莉了。這家店就是一之瀨開的混合型酒吧。

一之瀨只有週六才會來店裡露個臉。雖想她今天應該不在，不過我還是決定進去喝一杯，但沒想到竟然連一個客人也沒有。櫃臺只有一位忍者打扮的女性，看著天花板發呆。

我曾聽一之瀨提聊過她。

「我有認識一個功夫師傅，雖然是個第三性公關，不過我如果哪天開店的話，一定會找她來幫忙。你知道嗎？她可是忍者的後代喔！我本來就對這些蠻感興趣的，開這家店的時候，就覺得忍者這個點子不錯，所以就將店裝潢成忍者風格。而且，還拜託她來店裡幫忙。」

於是，我心裡就想，櫃臺的這位女性應該就是一之瀨所說的師傅吧。

她開口問我：「頭一次來？」我回說：「不是，前先日子我來採訪過。」

這家店其實還蠻袖珍的，只有一個吧臺。我跟老編隨便選了個凳子坐下來，同時叫了兩杯啤酒。只見她手腳俐落的準備著，同時遞上一張名片。

名片上寫著妃羽理，旁邊還有一小行字：「伊賀麻績服部流正宗忍術掌門人」。

沒錯，她可是個名副其實的忍者。

「這個門派的第一代掌門人是服部半藏，第九代是我的先祖服部伊賀守清信。這個門派向來傳男不傳女，不過本來也沒我的事，因為我是家裡的老二。可是，我大哥上小學的時候，有一次在公園玩，不小心受了傷。所以，伊賀麻績服部流只能由我這個次男繼承了……。」

雖然剛剛在小近媽的白坊灌了幾杯燒酒，也沒到喝茫的程度，不過她嘴裡一連串的說了這麼一大段，我還真的是有聽沒有懂。

只見妃羽理接著說：「……唉，可惜的是我不是個正常的男人，也不敢妄想傳宗接代了。所以，我就只能用這種方式，盡一己之力將忍者的這門功夫傳承下去。」

雖然祖上是大有來頭的伊賀忍者，自己是服部流正宗掌門人，肩上背負著傳宗接代的宿命。為難的是，自己是第三性。

話說回來，她並沒有注射女性荷爾蒙，只不過是隆個胸而已，還是有可能傳宗接代的。

她一邊說著，一邊為我們倒酒。

我們喝了幾杯以後，話匣子自然就打開了。

「我上了小五、小六以後，才發現自己可能跟其他的男孩子不太一樣。那個時候，我對其他男生的小雞雞還蠻在意的。不過，我對女生感興趣，也對男生感興趣。所以，我自己也搞不懂到底是怎麼一回事。」她突然笑了出來：「只有一點很確定，我從小就喜歡男扮女裝。比方說將手帕塞在胸前，將自己當個女的，跟其他小男生玩扮家家酒。」

她從小就隱約覺得：「自己好像那裡跟其他人不太一樣。」進入青春期以後，才知道有新宿二丁目這麼一個地方。

「我本來就聽說，新宿有一個專門給男人跟男人搞曖昧的地方。上了國中以後，剛好愛滋病的話題在日本炒得沸沸揚揚。那個時候，只要聽到愛滋病，每個人都怕得要死。我還整天提心吊膽的想：『如果大家知道我喜歡男生的話，會不會以為我也得病了啊？』於是，我就想：『那個地方去不得，搞不好會中標呢！』雖然我很想去逛一逛，可是也會怕。反正對於那個年紀的我來說，新宿二丁目就是一個嚇人的地方……。」

妃羽理直到在新宿歌舞伎町酒館打工，才正式接觸新宿二丁目。這個時候，她已經二十七歲。

「說起來，我頭一次踏入新宿二丁目，還是第三性公關店的姐姐帶我去的。那是一家小餐館，店名我不方便透露。雖然是幾十年的老店了，卻還挺受歡迎的喔。老闆娘更是有名，啤酒灌個不停……。」

聽她這麼一說，我不禁想起採訪女王時，那個將啤酒當水喝、袒胸露乳的律姐。

「……去那家店吃飯的男同志還真敢說。我光是聽就嚇呆了，也不知道該說些什麼。離開的時候，還被嫌說：『唉呦，沒見過這麼無聊的變性人。』帶我去玩的姐姐也教訓我：『啞巴啊，幹嘛不虧回去呢？』。她笑著說：「那個時候，我只覺得這個地方超恐怖的。」

我完全能夠想像，妃羽理看著律姐機關槍似的胡說八道，與客人熱絡聊天的氣氛，以及那副目瞪口呆的模樣。

＊

妃羽理上過不少電視節目，主持人總是用「史上最強第三性公關」介紹她。她說自己本來想憑著真本事闖出一片天地，可惜光靠這個吃不飽。

她接著說：「後來為了生計，我只好在片場跟第三性公關店兩頭跑。剛開始的時候，我覺得演員是演員、第三性公關是第三性公關，兩者是不一樣的。後來，還是媽媽桑的一句話提醒了我：『你可以將自己包裝成武藝高強的第三性公關啊！』所以，我就一邊在酒吧打工，一邊當武打演員。」

之後，她成立忍者霹靂舞團 exciting，還參加TBS電視臺的熱門節目《筋肉擂臺》。於是，漸漸打開了知名度。

正當她在片場與酒吧之間兩頭燒的時候，在一次偶然的機會下，結識了一之瀨。一之瀨曾說：「二十幾歲、快三十歲的時候吧，我開始在DVD影片中獨挑大梁，演一些摔角選手或者劍客之類的男一或男二的角色。後來，因為動作片還蠻對我的胃口，所以就開始找這方面的資料。知道忍術以後，覺得挺有意思的，就拜妃羽理為師了。我家裡還有一個標靶，可以每天練習飛鏢咧。」

從此以後，兩人便正式成為師徒關係。妃羽理開始教一之瀨飛鏢該怎麼射，什麼是忍術之類的。

等到二〇一七年四月香茉莉開張的時候，一之瀨就問她師傅妃羽理，願不願意來當店長。

問題是妃羽理對二丁目的印象並不好，小時候因為愛滋病的關係，對這個地方心生抗拒。第一次來到二丁目的經驗也不愉快，因為去了一家老闆娘把啤酒當水喝的小餐館。

不過，儘管如此，妃羽理還是點頭，幫愛徒這個忙。除了是被一之瀨的熱情感動以外，她自己其實也想挑戰這份工作。

她接下店長兩年了。二丁目在她心目中也一滴一點的產生變化。

「我也常常問自己：『我到底是男的，還是女的？』但到現在都還說不出個所以然來。她接著說：「現在不是流行性別認同嗎？每次人家這麼問我的時候，我總是回答：『嘿，我還想問你們呢！』不過，當我在這裡工作，接觸各種性傾向的人以後，才知道其實很多人都跟我一樣，因此我現在反倒不再那麼閉塞，漸漸開朗多了。」

這又是一個因為新宿二丁目，而找到自我的案例。

與各種不同性傾向的人交流——。

我記得一之瀨說過，這就是她開香茉莉的目的。她覺得與其在男同志與女同志之間糾結，不如透過混和型酒吧的交流，消除性別上的隔閡。

這也是妃羽理打理這家酒吧後的感想，所以才會對新宿二丁目改觀。無論如何，至少沒有辜負一之瀨開這一家店的初衷。

變與不變、新舊並存之間，各自安身立命

聊著聊著，已是凌晨時分。

陪我到處晃的老編一大早還得去公司報到，所以我倆就在香茉莉分開了。就在我獨自一人朝仲通路往回走的時候，不經意的看到女王店裡的燈光竟然亮著。

我雖然不餓，卻打算喝杯啤酒再回去吧……。

一上樓梯，打開店門，耳邊馬上傳來律姐的「歡迎光臨」。或許是剛開店吧，看起來她挺清醒的樣子。

我剛想謝謝她，上次撥空接受我的採訪。沒想到她先開口問：「哎喲，小帥哥，頭一次來？」

我本來想解釋一下的，不過趁著幾分酒意，便就將錯就錯。

於是，我小聲的回答：「對喔。」

律姐立即爽快的介紹：「今天的特餐是蛋包飯，只要五百日圓。超好吃的喔！」

聽她這麼一說，我只能乖乖的說：「那，那就蛋包飯吧。」

「喝點什麼？」

我本來就是想來喝一杯就回家的。所以，就說：「嗯，來杯啤酒吧。」只見她情緒高漲的一句：「好的咧。」然後拿出一瓶啤酒，用開瓶器敲一敲瓶身。碰撞的鏗鏘聲在店裡迴盪不已。

他們應該才剛開門，店裡除了我以外，只有另外一位客人。那個男人一身西裝，背對著我，大口大口的將蓋飯往嘴裡送。看起來應該跟我年紀差不多，或者是四、五十歲的上班族。他默默掃完一大碗蓋飯，付完帳以後，二話不說的推門離去。

沒多久，店裡來了另一對喝茫的中年情侶。兩個人分不清楚是大叔跟大媽，還是男扮女裝的兩位阿伯，但這兩人看來跟律姐挺熟的樣子。

我一邊喝著杯裡的啤酒，一邊默默的看著他們說說笑笑。不知怎麼的，這一陣子的採訪像跑馬燈似的在腦海裡中盤旋。採訪過的那些人與物，不僅鮮明浮現在我眼前，同時還讓我想起一句話。

我在前往女王的途中，路過 Lumiere，往店裡看了一眼。沒想到挺熱鬧的。都晚上十二點了，還有幾個客人在狹小的空間裡進進出出。

其實，這個新宿二丁目的地標還是 HIRO 當《Badi》總編輯的那家公司開的。

當 HIRO 還是個少年時，心心念念的就是這裡；後來當上同志雜誌總編輯，也是在這裡辦公。不知是因為出版業界的蕭條，還是沒抓到讀者的需求，或者網路媒體、社群網路的發達，公司內部的意見不和。《Badi》在二〇一九年宣布停刊。當時 HIRO 是這麼說的：「今後的新宿二丁目，已不再是讓人渴望邂逅的地方。」

身為雜誌編輯的他，對於這個地方的變化，感觸比任何人都更深刻。

還有，山縣真矢——。

我的採訪就是從他開始的。

山縣在日本成立東京彩虹驕傲，後來他們在二〇一九年四月舉辦東京彩虹驕傲，我便與老編去代代木公園瞧個究竟。根據主辦單位公布的資料，參加的民眾高達十二萬人。

當天除了LGBT，與一般民眾以外，還有企業與各個同志團體共襄盛舉，將會場擠得水洩不通。這正是山縣接下代表以後，奮鬥出來的成果。

山縣謙虛的表示：「對於鄰近的亞洲國家來說，新宿二丁目可以說是所有同志的心之所向。」

在這個東西僅三百公尺、南北不到三百五十公尺的彈丸之地，卻聚集大大小小、各種LGBT的酒吧，而且是全世界絕無僅有。新宿二丁目在國際上遠近馳名，在其他亞洲人心目中，或許也有一定的分量吧？

另外，長谷川也出現在活動會場。新宿二丁目不僅是長谷川的年少輕狂，也是他這輩子的最愛。即使因此感染HIV病毒，他對新宿二丁目仍然不離不棄。長谷川在接受我的採訪時，曾經這麼說：

「……哪一天，如果我真的不在了，希望化為千縷之風……再把我的骨灰撒在這裡吧！」

愛滋病剛在日本引發騷動時，身為當事人的他所發出的每一句感慨，都是如此的沉重。

他的大半輩子見證了日本的男同志，或者LGBT的發展與扎根。

新宿二丁目變了嗎？

照他的說法就是轉暗為明，從同志的祕密基地，變成大家都能來的公開場所。

當我回過神來的時候，律姐正一邊喝著啤酒，一邊與四名熟客說笑著。她顯然喝嗨了，說話的聲量比我剛來的時候高出許多。

「律姐」這塊響叮噹的招牌，也在新宿二丁目叱吒半個世紀。她雖然不是

LGBT，對於這個地方的變遷，始終以經營者的身分悉心守護著。

關於新宿二丁目，她是這麼說的：「就是讓人忘卻一切煩憂的地方啊！」每天總有人來店裡找律姐報到，紓解一下日常的壓力。想必律姐今天也是一手拿著啤酒，一邊爽朗的大笑。

每個人眼中的新宿二丁目，各有各的風情樣貌。每個人心中的新宿二丁目，各有各的愛恨情仇。每個人抱著各自的情懷，在這個地方度日安生。有些人在這裡找到救贖與心靈的慰藉，有些人在這裡體會鄉愁與傷感，更有些人因為這裡的今非昔比而失落。

想到這裡，我突然覺得「新宿二丁目的時代是否結束了？」這個問題本身太過於可笑。

不，應該說，對於新宿二丁目這麼一個，國際間數一數二的同志村，而跟這個地方不熟卻又執著於尋找答案的我，也未免過於傲慢。

老實說，新宿二丁目的確今非昔比——這裡就像其他地方一樣，因為時代的演變，而無可避免的改變街貌。於是，一些熟悉新宿二丁目的人，心中滿是不捨的嘆息與無奈。

話說回來，有些人卻不這麼想。

在他們眼中，新宿二丁目還是跟從前一樣。

即使特色不像過往那般濃厚，不過作為亞洲最大同志城，仍然在國際間赫赫有名；不少在這裡謀生的人們也一如往常的，接納各種性傾向的族群，展現他們包容性的一面。

這是一個變與不變、新與舊並存的地方。

一個男同志、女同志、雙性戀與跨性別者，或其他性傾向的男男女女，和平相處的地方。

不，不僅性傾向，這是一個**不論國籍、民族、時代或年齡層為何，都能自由呼吸的地方**。

我相信，今天的新宿二丁目仍然有許多不同背景的人，在這裡鶯聲燕語或是自怨自艾吧。

隨著訪談工作的結束，每天往新宿二丁目跑的日子，也即將結束。

不過，我想自己還是會來新宿喝喝小酒。在歌舞伎町、百人町、黃金街，或三丁目的吧臺舉杯暢飲。

不過，新宿二丁目呢？

幸運的是，透過這次的採訪，讓我發現幾家感覺還不錯的店。其實，只要是任何人都可以不在意旁人眼光、輕鬆小酌的酒吧，一定會有更多客人來訪的。儘管新宿三丁目與二丁目之間的這條大馬路，對於過去的我來說，就像是黃河長江似的跨也跨不過去。

最重要的是，透過這次的採訪，讓我對新宿二丁目完全改觀。

（收穫最大的，或許是拉近我與這個地方的距離……）。

凌晨兩點多了，仍然有客人來女王用餐。

律姐一看到是老面孔，立刻放聲大笑，同時嚷嚷著：「唉呦，還沒死啊，死囝仔！」在她的笑罵聲中，我不禁這麼想著。

尾聲

每個人生而自由平等

洋姐家的媽媽桑走了。

二〇二〇年（令和二年）一月，推特有這麼一則投稿。

新宿二丁目的新千鳥街有一家老字號同志酒吧洋姐家，跟第三篇故事中，一之瀨開的香茉莉才隔兩間店鋪。

洋姐與黛薇夫人、也就是印尼前總統的夫人是多年好友。聽說兩個人從小就認識了。除此之外，像是演員吉田日出子、奧村智代[47]、演員都春美等知名藝人都是店裡

47 一九七一年推出的〈川流不息〉，後經美空雲雀翻唱，再次一炮而紅。

的常客。洋姐在新宿二丁目的名氣，也讓她經常在雜誌、電影或綜藝節目露臉。

洋姐生於一九三七年（昭和十二年）。一生經歷了昭和、平成與令和三個年號。媒體只要一提到他，必定用「新宿二丁目同志圈，最高齡的媽媽桑」來形容。

當洋姐去世的消息傳開以後，店門口一下子排滿悼念的花束。而與她相識多年的好友，也紛紛在推特等各種社群網路服務，留下懷念她的感言。

這都是洋姐廣結善緣、而且備受愛戴的證明。

我頭一次去洋姐家是一九九〇年。

當我聽聞洋姐去世的消息以後，當下盡是悔恨，情緒激動到久久無法平息。因為洋姐在我心中，一直占有一定的地位，但我卻沒能將洋姐的故事寫進去。自始至終，我沒有主動上門拜訪這件事，至今依然讓我悔恨不已。

如果那個時候，我能抽出時間跟她做個訪談就好了……。

錯失良機的我，除了悔恨以外，還是悔恨。

＊

洋姐去世後沒多久，網路雜誌《New TOKYO》為了紀念這位了不起的同志，發表了一篇「老字號同志酒吧洋姐家的人生哲學」的悼文。

其實，這篇文章是轉載《Badi》二〇一八年二月號的採訪。當時負責採訪的是村上寬。沒錯，就是第二篇故事出現的HIRO。

在這篇訪談中，洋姐提到她對於新宿二丁目的看法。洋姐家於一九六五年，在黃金街開店，一直到了一九七三年才搬去新宿二丁目。接下來，讓我們看一看洋姐是怎麼說的：

「讓我來說的話，現在的新宿二丁目就好比是平家物語的壇浦之戰[48]，或者星期

---

48 日本平安時代末期（一一八五年），源平合戰的最後一役。當時權傾天下的平家，因為誤判局勢而一敗塗地。

天的動物園，也太熱鬧了。以前這裡多安靜，來同志酒吧大家都得偷偷摸摸的，深怕被人撞見。那種忐忑不安，加上心裡小鹿亂撞的感覺才刺激。

「那個時候的年輕人，哪像現在這樣大聲喧嘩，也看不到誰一邊咬著麵包，一邊走路的。」

洋姐從一九七〇年代，就陪伴新宿二丁目走過風風雨雨。在她看來，這個地方雖然失去了原有的淫靡風情，卻換來了健全的街貌，跟壇浦之戰或者星期天的動物園沒什麼兩樣。

這番獨特的見解，讓我不禁悔恨萬分的想：「那個時候，真該做個訪談，好好問個清楚。」

對於時下年輕人，洋姐則是表示：

「說起從前的男同志，不僅長得漂亮，而且行為舉止也十分優雅。現在的年輕人呢，卻像在街頭賣藝似的。唉，我完全追趕不上他們對於美的標準。」

她雖然滿腹牢騷，卻也溫和的說道：

「對於這些年輕人，我也不再嘮叨了。反正就各自為安吧。就算我在同志酒吧混了大半輩子，但有誰會想聽老人囉嗦啊？雖然我的前輩都不在了，可是在新宿二丁目，不管二十歲，還是八十歲，大家都一律平等。」

不管二十歲，還是八十歲，大家都是平等的。

這句話出自一個熱愛新宿二丁目，在這裡度過大半個世紀的同志口中。

不論年齡、國籍或者性傾向，大家都是平等的。

這就是世上獨一無二的同志村，新宿二丁目的真實面貌。

為了解這個地方的過去與現在，我採訪了許多人的故事。沒想到直到最後的最後，還是因為洋姐的一句話而如此感動。果然薑是老的辣。

最後，謹此聊表我最深切的哀弔之意。

國家圖書館出版品預行編目（CIP）資料

我離開以後，請把我撒在新宿二丁目／長谷川 晶
一著；黃雅慧譯. -- 初版. -- 臺北市：任性出版有限
公司，2021.08
288 面；14.8×21 公分. --（issue；030）
譯自：生と性が交錯する街　新宿二丁目
ISBN 978-986-06174-6-7（平裝）

1. 性別認同　2. 同性戀

544.75　　110005226

issue 030

我離開以後，請把我撒在新宿二丁目

作　　者／長谷川 晶一
譯　　者／黃雅慧
責任編輯／黃凱琪
校對編輯／李芊芊
美術編輯／林彥君
副總編輯／顏惠君
總 編 輯／吳依瑋
發 行 人／徐仲秋
會　　計／許鳳雪
版權專員／劉宗德
版權經理／郝麗珍
行銷企劃／徐千晴
業務專員／馬絮盈、留婉茹
業務經理／林裕安
總 經 理／陳絜吾

出 版 者／任性出版有限公司
營運統籌／大是文化有限公司
臺北市 100 衡陽路 7 號 8 樓
編輯部電話：（02）23757911
購書相關資訊請洽：（02）23757911 分機 122
24 小時讀者服務傳真：（02）23756999
讀者服務 E-mail：haom@ms28.hinet.net
郵政劃撥帳號／ 19983366　戶名／大是文化有限公司

法律顧問／永然聯合法律事務所
香港發行／豐達出版發行有限公司 Rich Publishing & Distribution Ltd
地址：香港柴灣永泰道 70 號柴灣工業城第 2 期 1805 室
Unit 1805, Ph. 2, Chai Wan Ind City, 70 Wing Tai Rd, Chai Wan, Hong Kong
電話：21726513　傳真：21724355
E-mail：cary@subseasy.com.hk

封面設計／FE 設計・葉馥儀
內頁排版／顏麟驊
印　　刷／緯峰印刷股份有限公司

出版日期／2021 年 8 月初版
定　　價／新臺幣 380 元（缺頁或裝訂錯誤的書，請寄回更換）
I S B N／978-986-06174-6-7
電子書 ISBN ／ 9789860662009（PDF）
9789860662016（EPUB）